Become a Mandolin Pro with Ease

Ivo .G Wagner

All rights reserved. Copyright © 2023 Ivo .G Wagner

Funny helpful tips:

Engage with classics; they offer timeless wisdom and insights into human nature.

Maintain a contingency fund; it provides cushion during downturns.

Become a Mandolin Pro with Ease : Master the Art of Mandolin Playing and Impress Any Audience with Simple Techniques

Life advices:

Practice deep breathing exercises; they can reduce stress, improve focus, and enhance lung capacity.

Re-read passages that resonate; they often hold personal significance and lessons.

Introduction

Welcome to the world of melodic enchantment with this guide. This guide is your ticket to exploring the rhythmic resonance and soul-stirring melodies of the mandolin, regardless of your musical background.

Begin your journey with "Essential Mandolin Chords," where you'll discover the fundamental building blocks of music. Unlock the door to harmonic exploration as you learn to create beautiful chords that resonate with your very soul.

"Tablature" awaits to unveil the secret language of musicians. Dive into the world of musical notation, where each note is like a brushstroke on a canvas, painting stories of sound that only you can tell.

In "Chords," the strings of your mandolin come alive as you learn to strum and pluck your way through a myriad of chords. With every chord progression, you'll be creating harmonious tapestries that embody the emotions you wish to convey.

Explore the art of rhythm in "Strumming." Discover the various strumming patterns that will infuse your melodies with life and depth, making your mandolin sing with authenticity and flair.

But what's music without tunes? "TUNES" is where your mandolin truly shines. Journey through melodies that range from classic to contemporary, each note carrying a story of its own. The beauty of your mandolin will weave these tales into the fabric of your musical journey.

Whether you're strumming chords or plucking melodies, this book is here to guide you. It doesn't matter if you're a complete novice or a seasoned musician exploring a new avenue of expression; this guide is designed to ignite your passion and ignite your music. The world of mandolin awaits, ready to be serenaded by your talent. So, grab your instrument, let your fingers dance on the strings, and let the music begin.

Contents

Essential Mandolin Chords 1
    Tablature 11
Chords 17
Strumming 31
TUNES 33
    Amazing Grace 34
    Joy to the World 38
    My Morning Brew (Traditional Celtic jig) 45
    Yorkshire Dials (Traditional jig from Hull, England) 50
    Cooley's Reel 55
    The Kid On the Mountain 62
    Fisher's Hornpipe 69
    Mrs. Galvin's Reel 73
    The Red Haired Boy 77
    St. Anthony's Reel 82
    St. Anne's Reel 88
    Barley For The House 96
    Glasgow 100
    She Rode In On Tuesday 104
    American Honey 108
    8 Years Ago Today 111
    Uncle Roger 115
    Malmo to Stockholm 119

Essential Mandolin Chords

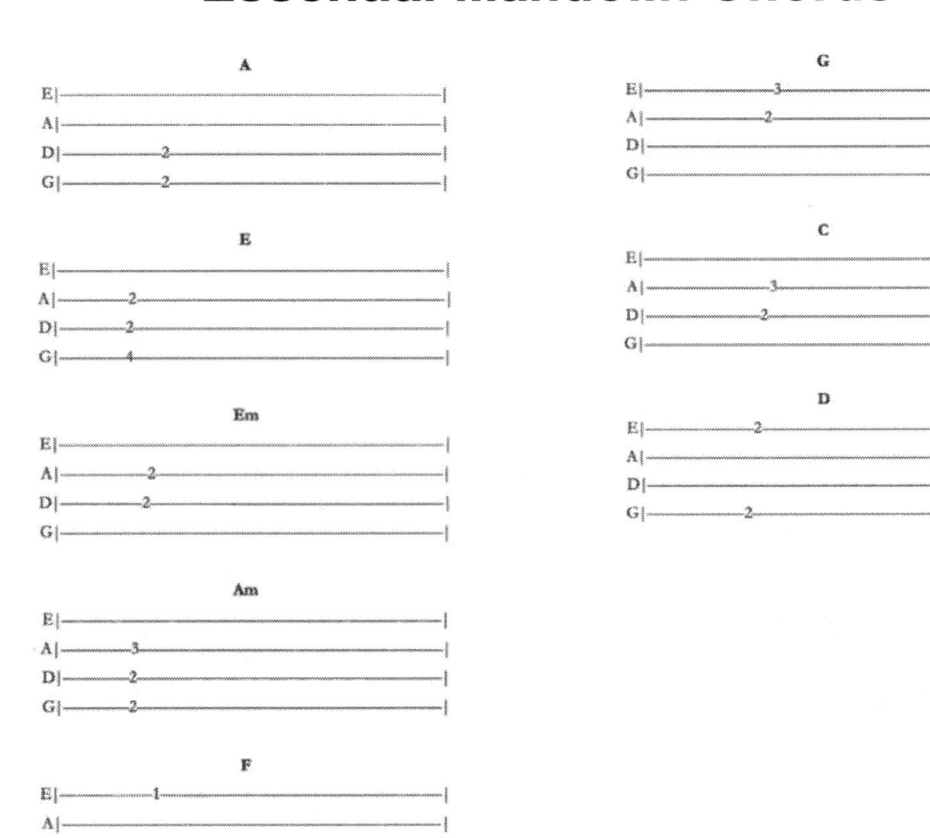

```
              A
E|---------------------|
A|---------------------|
D|-------2-------------|
G|-------2-------------|

              E
E|---------------------|
A|-------2-------------|
D|-------2-------------|
G|-------4-------------|

              Em
E|---------------------|
A|-------2-------------|
D|-------2-------------|
G|---------------------|

              Am
E|---------------------|
A|-------3-------------|
D|-------2-------------|
G|-------2-------------|

              F
E|-------1-------------|
A|---------------------|
D|-------3-------------|
G|-------5-------------|
```

```
              G
E|-------3-------------|
A|-------2-------------|
D|---------------------|
G|---------------------|

              C
E|---------------------|
A|-------3-------------|
D|-------2-------------|
G|---------------------|

              D
E|-------2-------------|
A|---------------------|
D|---------------------|
G|-------2-------------|
```

Introduction

Welcome to the mandolin. First of all, congratulations on choosing what has been deemed by many famous names in country and folk music as the instrument of the gods. Indeed, we believe that it is as well. These days, you don't hear much mandolin in popular music which is a shame because when you start to play it and familiarise yourself with the instrument, you quickly realise just how versatile it is.

In this chapter, you will be given an introduction to your instrument. This involves a breakdown of the individual parts that make up the mandolin, some basic maintenance tips and preparing you to start strumming away.

What is a mandolin?

We will start by giving an overview of what a mandolin actually is. Many falsely believe that the mandolin is related to the guitar and therefore is part of the guitar family. Others believe that the mandolin is a stand alone instrument whereby it is unique as a construction and no other instruments like it exist. This is also a false misconception.
In reality, there is an entire family of instruments of which the mandolin is a part of.
The mandolin derived from Italian lutes which were strummed and picked in the late 17th century. Much of the mandolin and lute family no longer exists but in today, the mandolin, mandola, octave mandolin, mandocello and

mandobass are the most used and commercially available. With regards to the mandolin specifically, the three most common are <u>the round-back</u>, <u>the flat-back</u> and <u>the carved-top</u>.

Let's now take a look at the different parts of the mandolin and what each component is for.

(See diagram on next page)

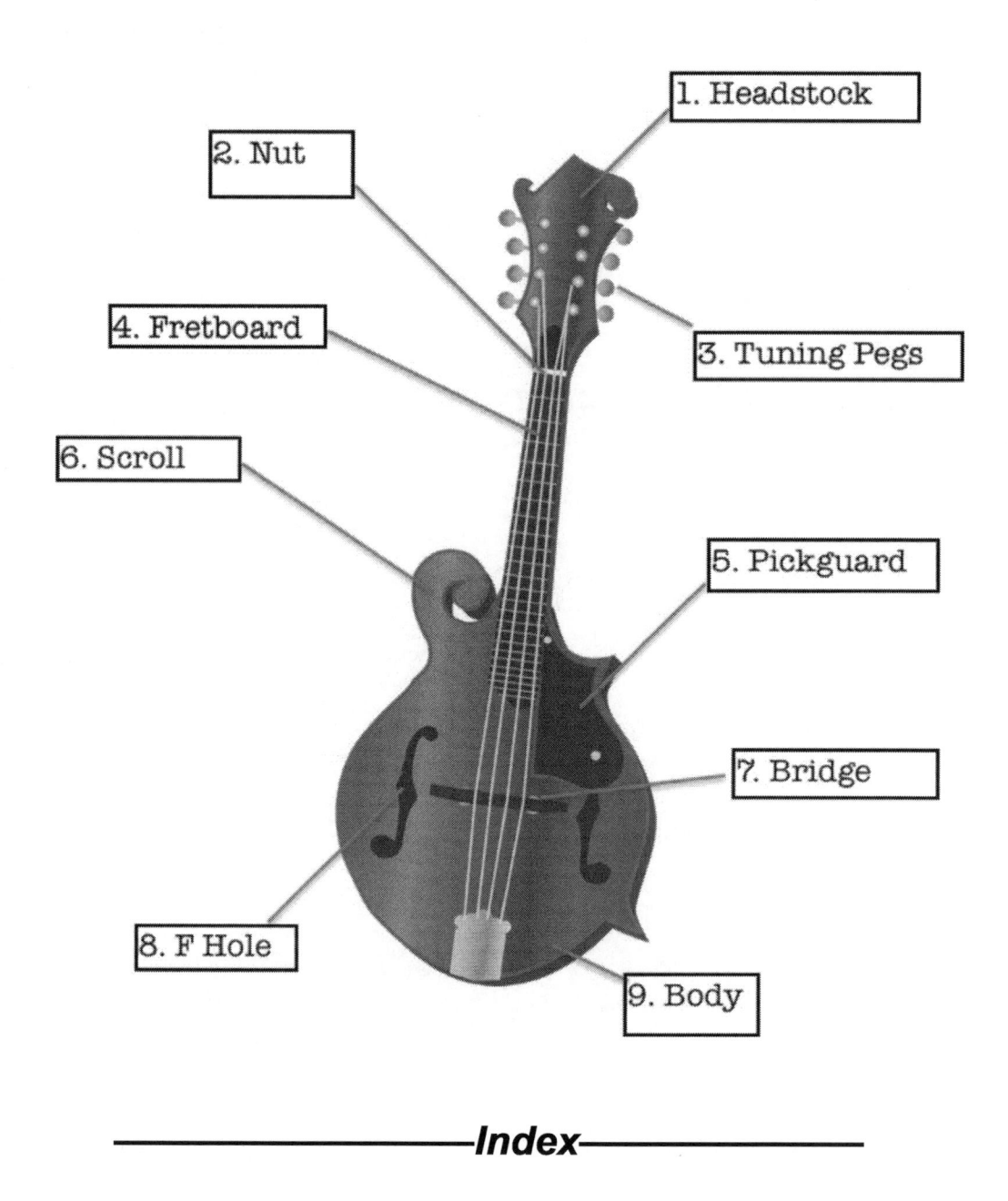

1. Headstock
2. Nut
3. Tuning Pegs
4. Fretboard
5. Pickguard
6. Scroll
7. Bridge
8. F Hole
9. Body

———————————— *Index* ————————————

1. Headstock

The function of the headstock is to contain the tuning pegs and to balance the mandolin's weight appropriately for an overall accurate intonation.

The headstock is a fragile part of the instrument which you should avoid knocking or hitting at all costs. This point cannot be emphasised enough. Since mandolins are delicate in that they are smaller than most stringed instruments and have a tighter neck and string tension, even a single knock can cause severe or even permanent damage to the instrument. Such damage can vary from your mandolin no longer staying in tune to a bent neck or even fret and nut problems. Any of these will cost you a lot of money, especially since mandolin repair is a niche field which not all guitar luthiers may be able to pull off successfully. It's best to take precautionary measures and look after your instrument. Purchase a gig bag or case for all transportation.

2. Nut

The nut is often overlooked and some players do not take into consideration just how pivotal this little bit of material really is. The nut is the linking point between the strings, bridge and headstock. It contains eight individual slits where the strings sit on. Damage to the nut is as bad as damage to the headstock, if not worse. What you must appreciate as a mandolin player is that while the nut seems futile, those individually spaced slits have been measured apart in a precise way down to the last millimetre. It is actually one of the most strenuous and laborious aspects of mandolin craftsmanship. When replacing strings, take your time and if you are ever unsure, have them replaced by your local music shop. Better to be safe than sorry.

3. Tuning Pegs

There are eight tuning pegs on the mandolin, one for each string. Mandolins (with very few exceptions) are tuned in groups of two. It has two G strings, two D strings, two A strings and two E strings. Each couplet must match and be tuned with a high degree of precision and the pressure you apply and carefulness you exhibit when tuning your instrument will determine the accuracy of your playing. The tuning pegs must always be tight. If there are any loose screws, address them before playing and take no risks.

4. Fretboard

The fretboard is the actual part of the instrument that your notation is played on. If you are right-handed, your left hand navigates this part of the mandolin. Ensure the frets (individually lined notes) are not sharp and are smooth. If there are any issues, make sure to address them professionally before playing as injuries are frequent in poorly constructed and set up mandolins. The fretboard sits on the neck which your hand grasps as you play.

5. Pickguard

You might be familiar with pick guards if you have any experience with acoustic guitars. They are designed for two very simple reasons.

1. Aesthetic: to look nice.
2. To act as a shield against pick damage when you strum the instrument. i.e. literally a *pick guard*.

6. Scroll

Not all mandolins have scrolls. In fact, scroll mandolins cost more (sometimes up to $1000 more) since they are more expensive to craft. They only serve an aesthetic purpose and admittedly are very beautiful instruments. On this note, if you are in the process of purchasing your first or second mandolin, unless you feel that you really desire a scroll mandolin and view it as a worthy reason to splurge more money on, it isn't a vital purchase and you are better off starting out on a different variety of mandolin which is far more inexpensive and just as good quality.

7. Bridge

Now we come on to the most talked about part of the mandolin: the bridge. Some mandolins come with fixed bridges which are not adjustable and are glued onto the body of the instrument. Others come with an adjustable bridge. Over the years, numerous students have come to me frustrated because their mandolin came with a loose bridge and they do not know how to tighten it or how it fits on. A couple of students of mine even broke their instruments

Tuning Up

Now that we have covered the basics of the instrument, it's time to start playing. The key to all good performance is a well tuned mandolin. Mandolins have eight strings are are tuned in couples.

There are two G strings, two D strings, two A strings and two E strings. So mandolin tuning looks like this:

G   D   A   E

In tablature form (which we will look at very shortly), it looks like this:

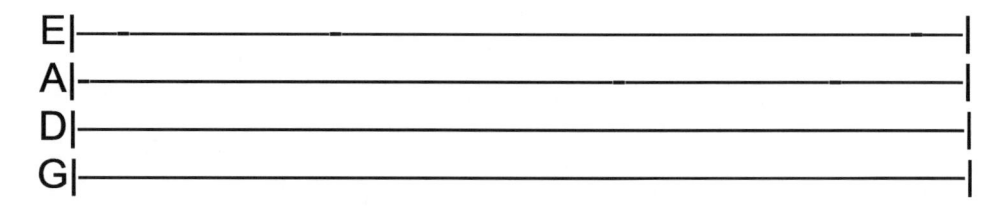

```
E|————————————————————|
A|————————————————————|
D|————————————————————|
G|————————————————————|
```

You may be wondering why we write out four notes and four lines when showing notation instead of eight. The reason is simple. Since the notes are couples i.e there are two of each note, we count them as one note. A G note would be played by plucking the G strings but essentially, it is considered as one string.

Mandolin tuning is similar to the tuning of other stringed instruments like the guitar and the bass guitar. In fact, mandolins are tuned the same as violins and even at the same frequency. In other words, you might even say that mandolins are fretted versions of violins. Technically this is true.

> **NOTE:** If you are playing with a guitarist or a bassist and your mandolin needs tuning, you can use their instruments to tune up. The top four strings of guitars and basses are EADG: the inverted tuning of a mandolin: GDAE.

Tablature

On the previous page, you were shown what we call tablature. Tablature is a long way of saying 'tabs' which is far more commonly used these days. Tablature is sheet music for mandolin and other stringed instruments. It shows us what notes we have to play through numbers on different strings. In mandolin tabs, the G note (the lowest string which is also closest to you) is the bottom string, the D note the next one and so on.

```
E|-------------------------------|
A|-------------------------------|
D|-------------------------------|
G|-------------------------------|
```

The first thing that I would like you to do is to play each note openly: G to E. In tablature, playing each note openly would look like this:

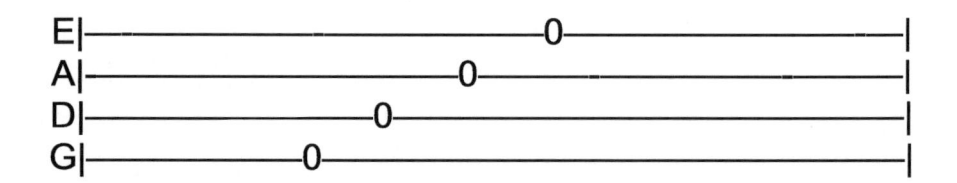

```
E|----------------------------0----------------|
A|----------------------0----------------------|
D|--------------0------------------------------|
G|--------0------------------------------------|
```

The reason for the 0 is that we aren't actually playing on a fret. The numbers demonstrate which fret we have to put our fingers on. An open string is always marked as a 0 in tablature.

It is time now for our first lesson. In this lesson, we will play a very simple pattern and you will see how it looks when we tab it out.

Lesson 1:

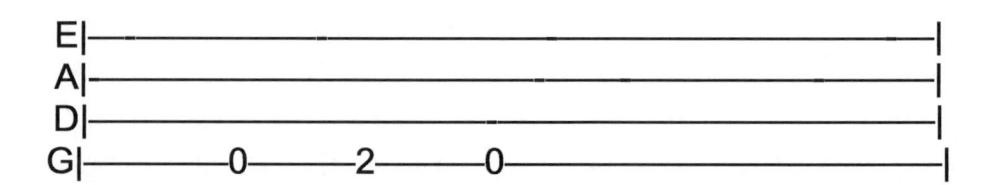

```
E|---------------------------------------------|
A|---------------------------------------------|
D|---------------------------------------------|
G|--------0------2------0----------------------|
```

For this lesson, you will be using the G string only.

Step 1: Play the open G string.

Step 2: Place your index finger (or middle finger) on the second fret of the G string and play it. The second fret is the second note away from the nut which is marked by the frets (the lines on the fretboard).

Step 3: Let go and play the G string open again.

See the diagram for how what you just played is shown in tablature. We started with a 0 on the G string which marked the fact you played the string open. Then, the 2 means you played the second fret and then we have a 0 again where a string is played openly. Now we are going to include other strings.

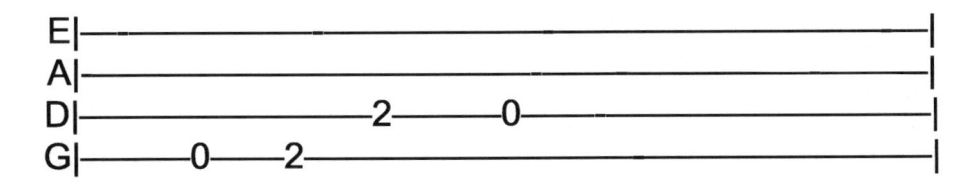

```
E|----------------------------------|
A|----------------------------------|
D|----------------2------0----------|
G|------0-----2---------------------|
```

This might look intimidating at first but it really is something you are capable of performing with the knowledge you have acquired so far. Don't worry, I will guide you through.

Step 1: Start the tune by playing the G string open.

Step 2: Just like in the previous exercise, place your finger on the second fret of the G string.

Step 3: Now for the challenging part. Place your finger on the second fret go the D string (the next string up).

Step 4: Finish by playing the open D string.

The key is to practice this shift over and over until you get the hang of switching between strings. Try switching between other strings as well. We will look at one more exercise in basic tablature before learning chords which use tablature.

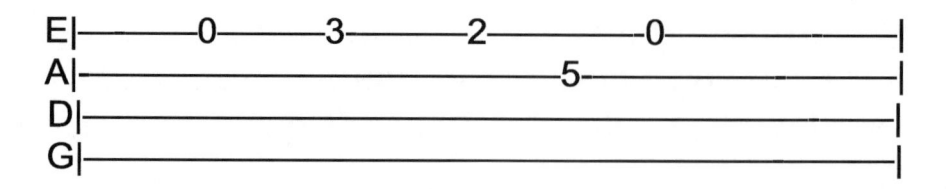

```
E|-------0-------3-------2------------0------------|
A|----------------------------5--------------------|
D|------------------------------------------------|
G|------------------------------------------------|
```

The focus on the previous exercises was on the lower strings. Now we move to the higher strings. This exercise is admittedly more challenging but you can do it. Take it slowly at first and do not rush. Speed comes with time and practice. What is more important is that you play the melody accurately and read the tabs correctly.

Step 1: We start by playing the open E string

Step 2: Then place your middle finger on the third fret of the E string.

Step 3: Place your index finger on the second fret of the E string.

Step 4: Now for a stretch. Taking your time, place your pinky finger on the fifth fret of the string above (the A string). This might feel unnatural, particularly if you are accustomed to playing the guitar or ukulele. Let yourself feel that discomfort and practice it more and more. It'll become second nature in no time and many mandolin tunes involve this kind of pinky positioning.

Step 5: Finish by playing the open E string.

Practice the melody and in your own time, speed up as much as you deem appropriate based on what sounds right to you.

Separate notes vs grouped notes

Another important element of reading tablature is when you see notes grouped together versus separate. Let's take a look at what this distinction entails.

Look at the two pieces of tablature on the following page. Can you spot the difference?

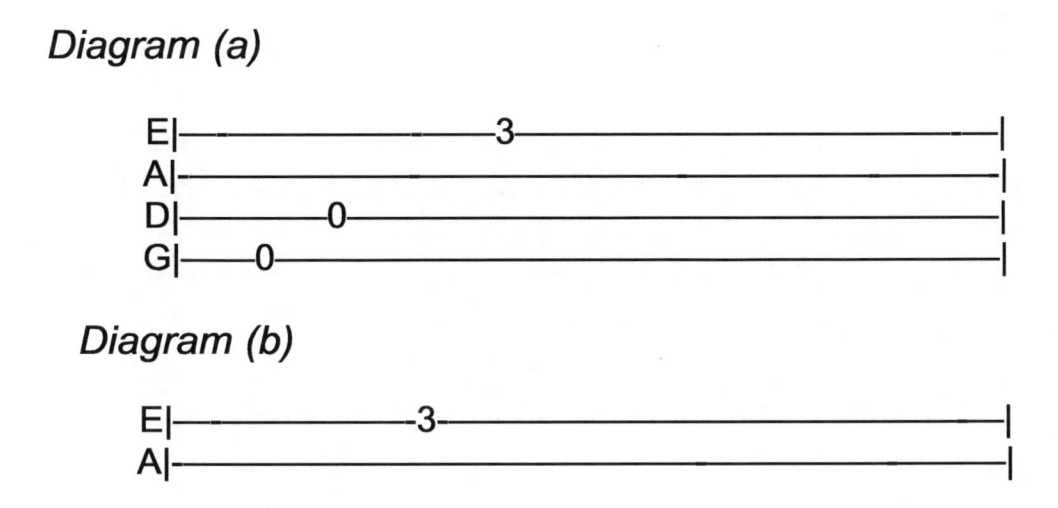

Diagram (a)

```
E|---------------3-----------------|
A|--------------------------------|
D|-------0------------------------|
G|----0---------------------------|
```

Diagram (b)

```
E|-------------3-------------------|
A|--------------------------------|
```

```
D|--------------0------------------------|
G|--------------0------------------------|
```

Both diagrams involve the same group of notes: the open G and D strings with the third fret of the E string (which is a G note). However, there is indeed a vital difference between these two diagrams. This is the spacing. When notes are separated as demonstrated in *diagram (a)*, the notes are meant to be played individually and not strummed as a chord. In other words, each note should be picked separately. In this case, you would start by playing the G string, then the D string and then the E string respectively.

In the case of *diagram (b)*, the notes are in line with each other which we call a chord. The notes are meant to be strummed in unison. So instead of playing each note separately, you would have your index or middle finger on the third fret of the E string before playing any note. Then, you would strum the G, D and E strings together. We will come onto chords very shortly but keep in mind the difference between a sequence of notes and grouped notes. One little exercise you can try out is play *diagram (a)* and *(b)* one after the other. Familiarising yourself with the feel of different methods of mandolin playing in the initial stages is the difference between accelerating quickly and learning slower than you could otherwise learn.

One more example to illustrate this point would be as follows:

Diagram (c)

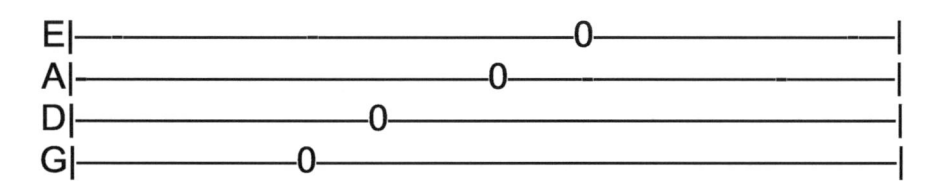

```
E|----------------------------0------------|
A|------------------------0----------------|
D|--------------------0--------------------|
G|----------------0------------------------|
```

Diagram (d)

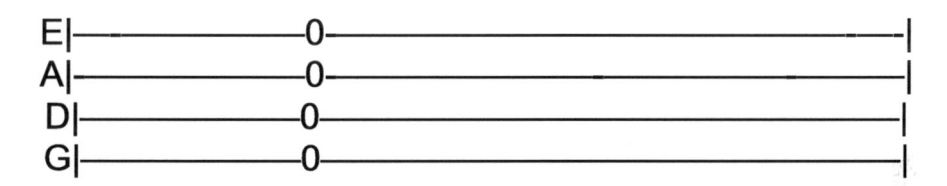

```
E|----------------0------------------------|
A|----------------0------------------------|
D|----------------0------------------------|
G|----------------0------------------------|
```

As we observed in the first two diagrams, diagram (c) is the individual notation and diagram (d) represents the grouped notes. This example is a mile simpler however as it is all open notes. Diagram (c) asks of us only to play through each note one by one whereas diagram (d) demands us to strum every string together and open. Hopefully this is simple enough.

Now it's time to look at chords.

Chords

Chords are groups of notes (typically between 2 and 5 notes) strummed in unison. In this chapter, you will be introduced to basic chord shapes and then you will learn how to play them together to form what are called **chord progressions**.

Chords are a step up from individual tabs since multiple notes are being played in one single strum plus there is the added expense of having to pick correctly and then change shape.

Do not fret! (no *pun intended*) This chapter will help you with all of the potential hurdles and before you know it, you'll be jamming away through songs with ease. Be patient, practice each exercise and take your time. Learning chords on mandolin can be a frustrating process but keep with it. It is worth the hard work that you put in.

We'll be looking at the following chords to start off with :

C major, G major, A minor and F major.

We will begin with the chord that all beginners ought to know like the back of their hand. The ***C major*** chord.

```
E|---------------0-----------------------|
A|---------------3-----------------------|
D|---------------2-----------------------|
G|---------------0-----------------------|
```

This is what the chord looks like when written out.

Step 1: To start the chord, place your index finger (pointer) on the second fret of the D string.

Step 2: Now underneath this finger, on the third fret of the A string, place your middle finger.

Step 3: Press down and strum the entire mandolin.

If you got it right, you should hear the beautiful sound of a C chord.

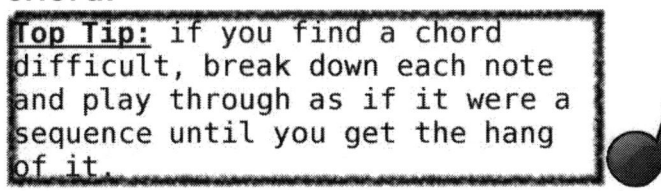

Top Tip: if you find a chord difficult, break down each note and play through as if it were a sequence until you get the hang of it.

Do not move on to the next chord until you have a good grasp of the C chord. An exercise which you must learn to do is to play a new chord and then remove all your fingers from the instrument. After a few seconds, try to re-find the fingering and play the chord again from memory. This method, employed by top musicians (particularly guitarists) helps your muscle memory increase drastically. It is arduous at first but the more you try it, the better you'll get the hang of it.

Our second chord is the **G major** chord.

```
E|------------3------------|
A|------------2------------|
D|------------0------------|
G|------------0------------|
```

This is the G major chord and what you might notice right off the bat is that it looks remarkably similar to the C major chord. In truth, they are very similar and involve the same chord shapes. The G chord employs the same fingering as the C major but played one string up. So instead of the second fret of the D string and the third fret of the A string, you move the same shape to the second fret of the A string and third fret of the E string.

Step 1: Place your index finger on the second fret of the A string.

Step 2: Place your middle finger underneath it on the third fret of the E string.

Step 3: Strum the entire chord putting emphasis on the open G string since this helps the chord to ring out and renders it distinctive as a G major chord.

Exercise

Before moving on to the third chord, it is time for an exercise. We have covered two essential chords and it would benefit you to focus on these before moving on. To really make these chords stick in your memory, you need to put them into practical use. So we are going to practice an exercise whereby you will play the C chord and the G chord in sequence as follows:

C   G   C   G

Take your time with it ! Practice it until it flows naturally and then move on to the next chord shape. It's important to practice every chord as you go along as opposed to cramming them in later. The more you become used to associating a chord name with its shape, the easier you'll find practicing songs later on when you have no visual prompter or tab to help you.

> **Top Tip:** With the C major and G major chord shapes, if you find the fingering difficult, try using your middle finger and ring finger instead. Some players struggle using their index (pointer) finger so you might find that using your middle finger as the leading finger

```
            C
E|————————0————————————|
A|————————3————————————|
D|————————2————————————|
G|————————0————————————|


            G
E|————————3————————————|
A|————————2————————————|
D|————————0————————————|
G|————————0————————————|


            C
E|————————0————————————|
A|————————3————————————|
D|————————2————————————|
G|————————0————————————|


            G
E|————————3————————————|
A|————————2————————————|
D|————————0————————————|
G|————————0————————————|
```

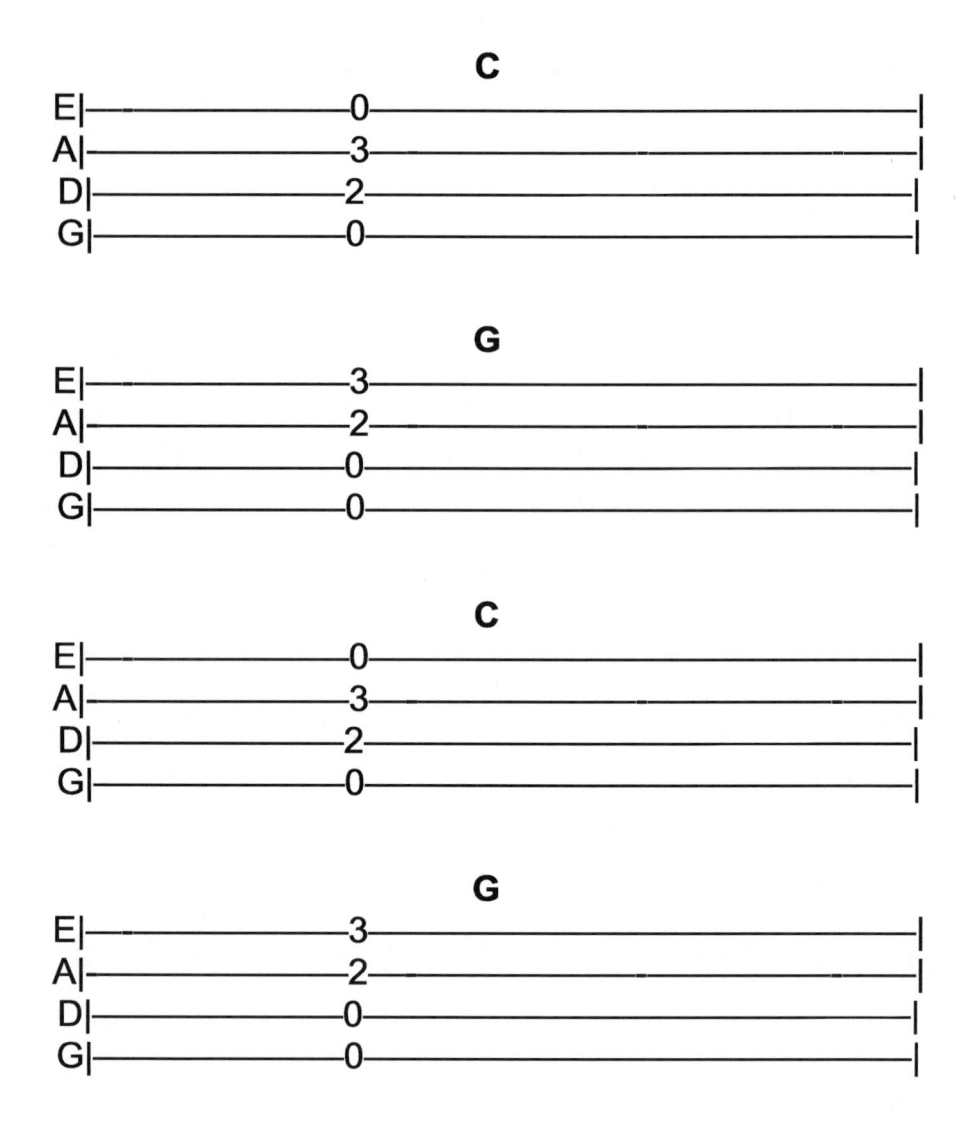

Our third chord shape is A minor. This is a step up from the previous two chords which we covered since this one is a three finger chord as opposed to a two finger one. It looks like this:

```
E|————————0————————————|
A|————————3————————————|
```

```
D|—————————2———————————————|
G|—————————2———————————————|
```

Step 1: To play this chord, begin by placing your index finger (pointer) on the second fret of the G string.

Step 2: Next, place your middle finger on the second fret of the D string. This might feel like a bit of a tight squeeze because of the narrow nature of mandolin frets. One way to overcome this problem is to bend your knuckles a bit to form more of an arch. Putting pressure off your finger tips and onto your knuckles will feel more natural and will allow more space on the fretted notes.

Step 3: Place your ring finger (fourth finger) on the third fret of the A string. Strum the whole chord.

As mandolinists, we are at a bit of a disadvantage compared to players of other stringed instruments since we are given the short end of the stick with the A minor chord. It is such a recurring common chord in music and yet, it is such a challenge to play compared to on other stringed instruments like the ukulele. Still, there is hope because the more you practice the shape and the more you become used to the strains and finger positions, the easier it gets. And it gets easier fast if you put the work in.

Exercise

It is time for an exercise again. At this point, having learned a pretty challenging chord, we need to practice incorporating it with the previous chords that we have covered so that we can be prepared for times when we have to use all three chords in sequence. Before trying out this exercise, do play the A minor chord on its own and learn the shape. Then when you feel like you can play it with some degree of ease, come back to this exercise.

For this exercise, we are going to play a chord progression. It is simpler than it looks so give it as much of a chance as you can. Play it slowly and take as much time as you need to switch chord shapes.

The progression is:

C   G   Am   C

In this sequence, we are starting out on a C major chord, moving to G, then the A minor (which is arguably the most uphill part of this exercise) and then back to C. This exercise is not random nor pointless because practicing it and getting a grasp of it will help you with three key aspects of mandolin playing.

1. Switching between chords.
2. Muscle memory and increased finger agility.
3. Returning back to the key note (C).

Point three is particularly indispensable because in any genre of music, it is one thing to be able to switch chords but what makes a musician particularly skilled is the ability to return to the starting chord/note having gone through the progression. In this case, C major is your anchor. Focus on points 1 and 2 but also put extra practice into going from the G major and A minor back to the C major.

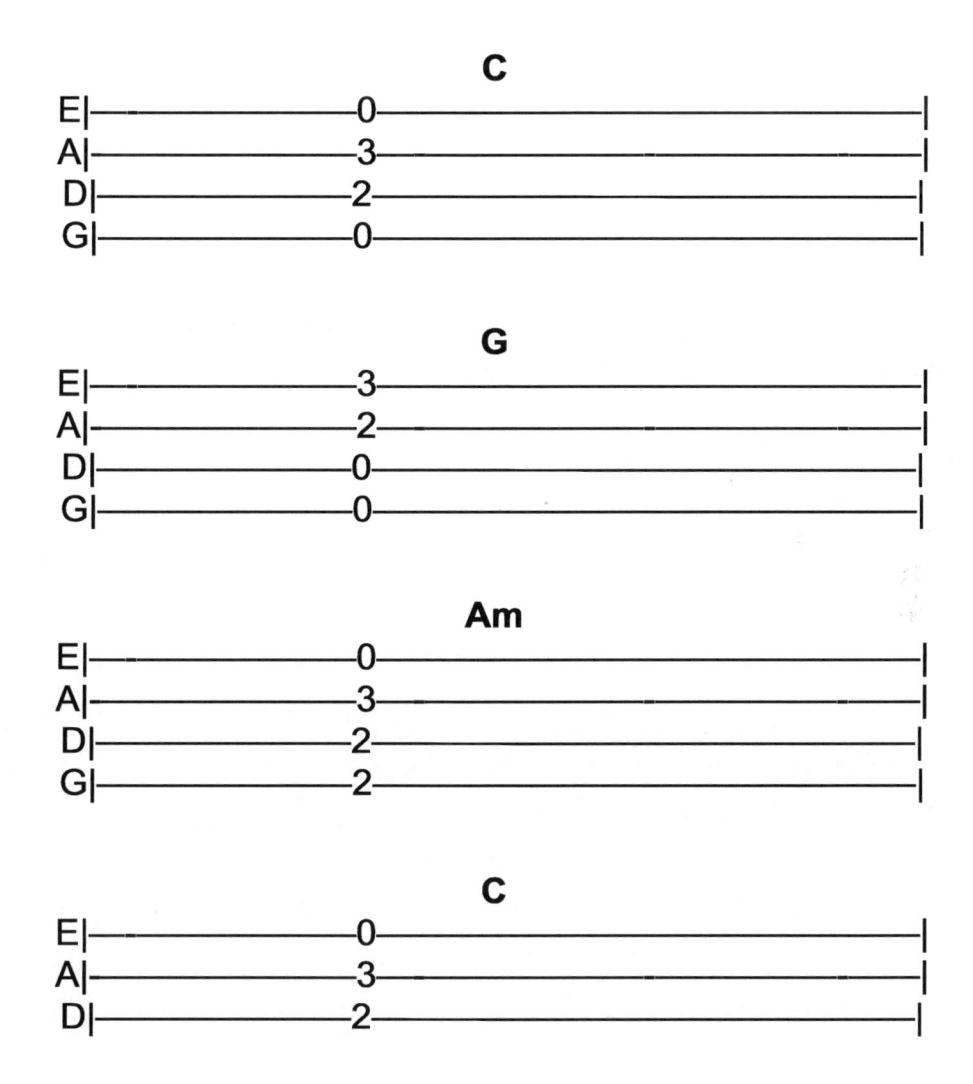

```
                          C
        E|---------------0---------------------|
        A|---------------3---------------------|
        D|---------------2---------------------|
        G|---------------0---------------------|


                          G
        E|---------------3---------------------|
        A|---------------2---------------------|
        D|---------------0---------------------|
        G|---------------0---------------------|


                          Am
        E|---------------0---------------------|
        A|---------------3---------------------|
        D|---------------2---------------------|
        G|---------------2---------------------|


                          C
        E|---------------0---------------------|
        A|---------------3---------------------|
        D|---------------2---------------------|
```

```
G|————————0————————————————|
```

The next chord we will look at is the F major chord.

This chord can appear to be quite tricky but if you nail this one down, you'll really be making progress in your mandolin journey. The F major chord uses three fingers in what is actually quite a stretch. Don't panic though because there is a cheat way to speed up learning this chord.

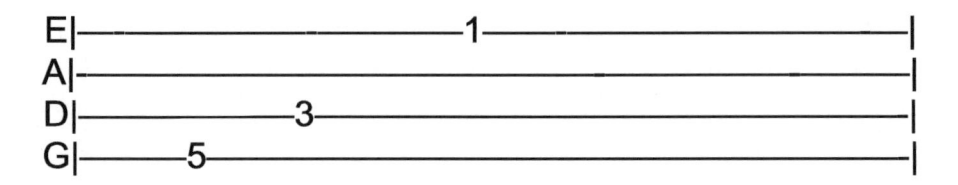

```
E|————————————1————————————|
A|—————————————————————————|
D|————3————————————————————|
G|—5———————————————————————|
```

Before telling you this secret, I will guide you through playing the chord the traditional way.

Step 1: Start by placing your ring finger on the fifth fret of the G string.

Step 2: Keeping the G string firmly pressed down, put your middle finger on the third fret of the D string.

Step 3: Now put your index finger on the first fret of the E string. This is where the biggest stretch is so don't overexert yourself if it causes your hand or fingers any pain.

If you're starting out, do not be disheartened if you find this fingering particularly difficult. You aren't expected to perfect the F major chord when you're just a few days into playing. However, in your own time and without rushing, do try to memorise the shape of the F chord. Another good exercise is performing the shape away from the instrument and just in your day to day life. The muscles in your hand will strengthen and become used to the stretch.

Now for the cheat way to play F major.

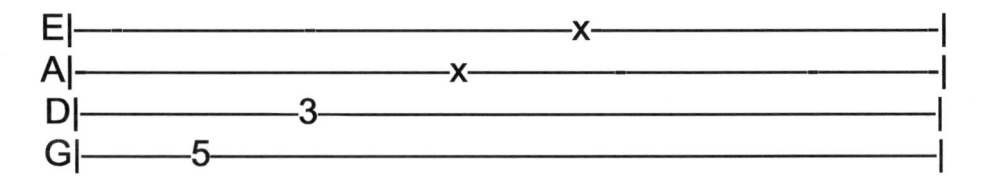

```
E|-----------------------x-----------------|
A|-----------------x-----------------------|
D|-----------3-----------------------------|
G|-----5-----------------------------------|
```

The diagram above shows an easy way to play F major. This involves leaving out the first fret of the A string and just playing the fifth fret of the G string and the third fret of the D string. So the F goes from being a three finger chord to a two finger chord which makes transitioning from a C or a G much easier. Now you might be wondering why there are two x's on the A and E strings. This is because we are not meant to play these strings at all. You are only going to play the G and D strings. This means you have to be careful and only strum the bottom two strings and avoid hitting the top two, altogether.

The final chord which we will look at is the D major chord. This is a breath of fresh air because it is relatively straight forward.

```
E|-----2-----------------------------------|
A|-----0-----------------------------------|
D|-----0-----------------------------------|
G|-----2-----------------------------------|
```

The D major is a two finger chord and all the finger positioning activity occurs on the second fret.

Step 1: Place your index finger on the second fret of the G string.

Step 2: Place your ring finger on the second fret of the E string.

You might be aware that the chord looks a bit peculiar. It's probably because you are leaving a two string gap. Don't worry, it's meant to feel and look like that. Strum the entire chord making sure your index and ring finger are not blocking the D and A strings which are meant to ring out naturally in this chord. If your fingers are muting these strings a bit, it's because your shape needs to be more accurate.

Accurate fingerings are what make the mandolin sound crisp and professional. If you do find yourself in a situation of buzzing or muting, bend the fingers a little bit and make sure you are pressing hard enough on the string. There will be a little bit of pain if you are new to stringed fretted instruments but your finger tips will callus with time and practice and no longer cause any issues.

We have now covered the basic chords needed when starting out on the mandolin. There are many other chords which you need to learn and they are included on the opening page so please do refer to the diagram and learn some of the other chords at your own volition. I would recommend looking at the A major chord and B minor chord to begin with.

A major
```
E|--------0-----------------------------|
A|--------0-----------------------------|
D|--------2-----------------------------|
G|--------2-----------------------------|
```

B minor
```
E|--------2-----------------------------|
A|--------2-----------------------------|
D|--------0-----------------------------|
G|--------4-----------------------------|
```

With what's been covered so far, you should have all the knowledge and skill required to teach yourself some of the other chord shapes so don't be shy or intimidated, you can do it and I believe you will be an awesome mandolin player who is going to be able to play any chord on demand in no time!

> **TOP TIP:** Congratulations! You've now covered the very basics of mandolin playing. In the next chapters, there is a step up and your knowledge will be put to the test so recap over the exercises and lessons that have been covered until this point. Ensure your

Chord Progressions

Chord progressions put the chords you've learned into practice and turn sound into music. We have already looked at a few with the C, G and A minor chords.

Here are a few for you to try out:

1. C	F	C	G	C
2. C	G	Am	F	
3. D	G	G	D	
4. Am	F	C	G	C
5. F	G	F	G	C
6. C	Am	G	Am	C
7. C	D	C	G	C
8. F	Am	F	G	F
9. C	C	F	Am	C

Strumming

When first starting out on the mandolin or any stringed instrument for that matter, it is tempting to just strum downwards. However, the earlier you learn how to strum properly, the quicker you'll pick it up. Mandolin players determine how to strum their instrument based on strumming patterns. That is, when the strum downwards and upwards in different amounts. For example, a typical strum is:

down down up
(D D U)

This means that the player, with their right hand, will strum down twice and back up once. Strumming down means starting at the bottom string (G) and moving down while hitting all eight strings and letting them ring out at once. Strumming upwards involves starting with the high string (E) and doing the same thing as down-strumming but in reverse.

Songs rarely start with an up-strum and typically begin with a down-strum. You can practice strumming slowly and build it up to a normal speed. This is an effective way to practice. Don't feel discouraged if you don't get it at first.

It does take time to perfect it and soon, you'll be able to strum to all sorts of strumming patterns. Here are three common strumming patterns that you will come across.

(I recommend that you start practicing these patterns on one chord first before playing multiple chords. Once you feel you've got the hang of it, try two chords and then three or four. After, you may apply strumming patterns to the previous exercises).

D. D. U. D. U. D

(x4)

D. U. D. U. D. U. D. U

(x4)

D. U. D. D. U

(x4)

TUNES

Amazing Grace

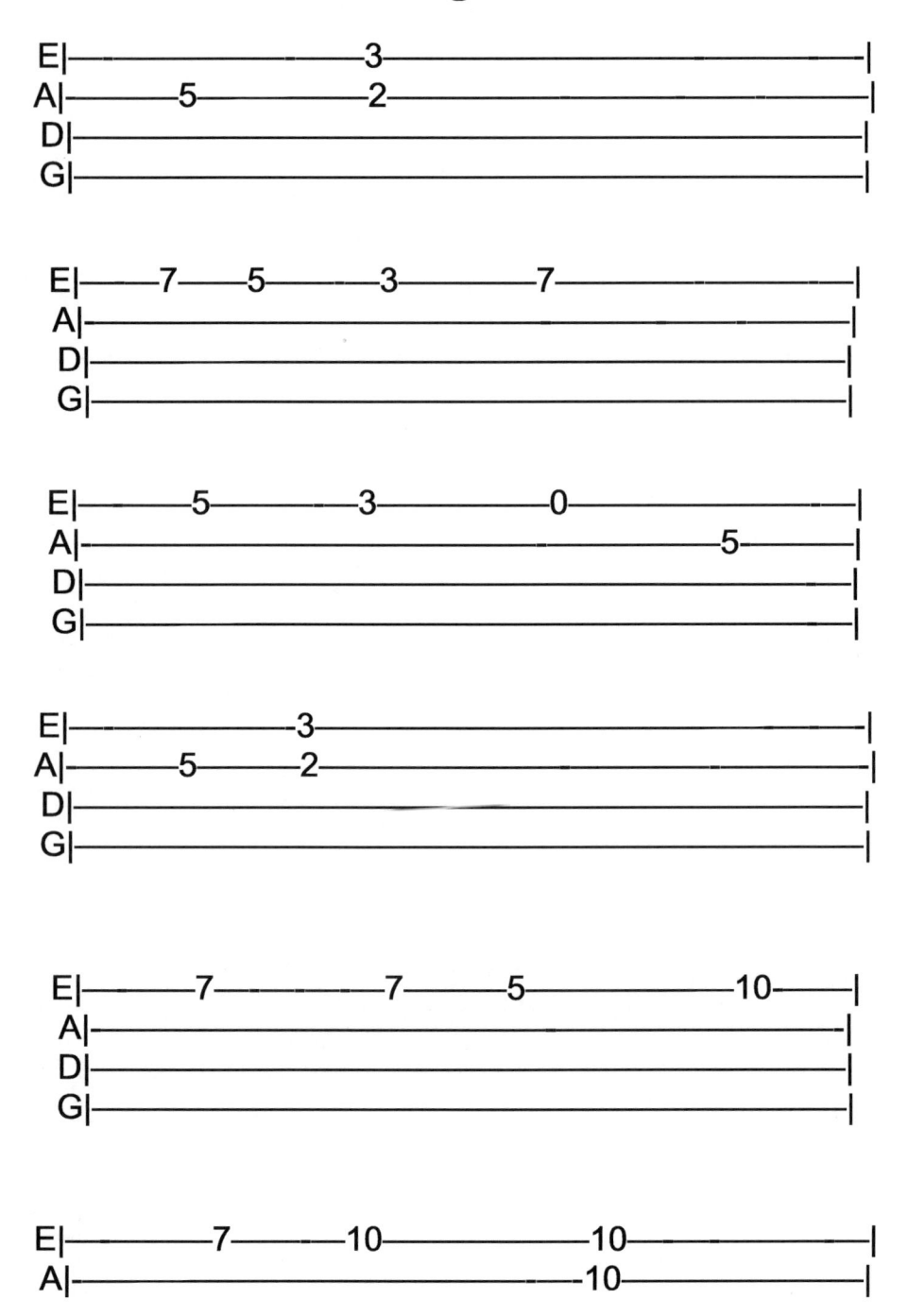

```
E|-----------3-------------------|
A|----5------2-------------------|
D|-------------------------------|
G|-------------------------------|

E|----7----5----3----7-----------|
A|-------------------------------|
D|-------------------------------|
G|-------------------------------|

E|----5----3----0----------------|
A|--------------------------5----|
D|-------------------------------|
G|-------------------------------|

E|-----------3-------------------|
A|----5------2-------------------|
D|-------------------------------|
G|-------------------------------|

E|----7----7----5---------10-----|
A|-------------------------------|
D|-------------------------------|
G|-------------------------------|

E|----7----10---------10---------|
A|-------------------10----------|
```

```
D|————————————————————|
G|————————————————————|


E|————7————7——————————|
A|—————————5——————————|
D|————————————————————|
G|————————————————————|


E|————5————3——————————|
A|—————————2——————————|
D|————————————————————|
G|————————————————————|


E|————0———————————————|
A|—————————————5——————|
D|————————————————————|
G|————————————————————|


E|—————————3————7————7|
A|————5———————————————|
D|————————————————————|
G|————————————————————|


E|————5————3——————————|
A|—————————2——————————|
D|————————————————————|
G|————————————————————|
```

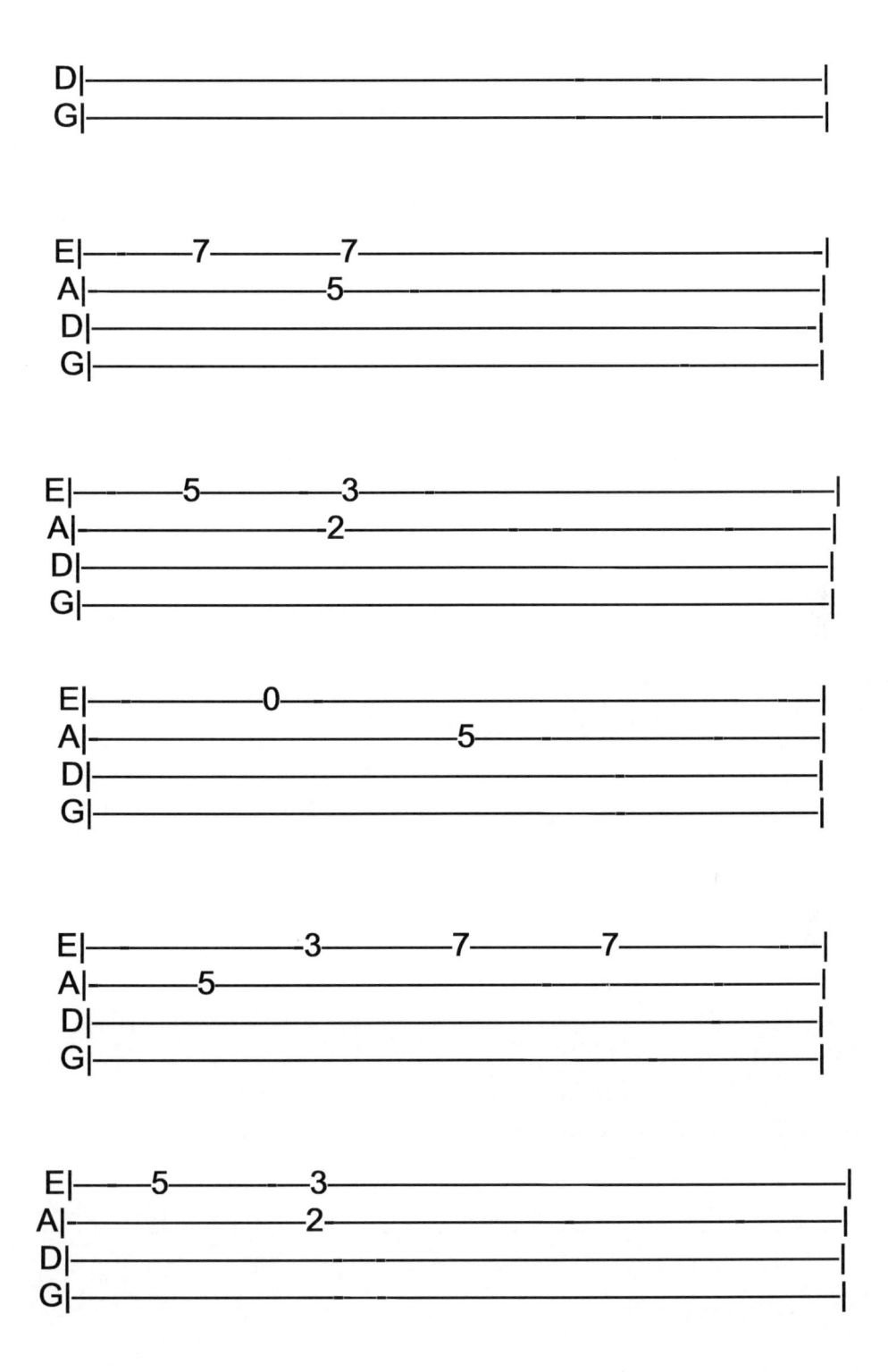

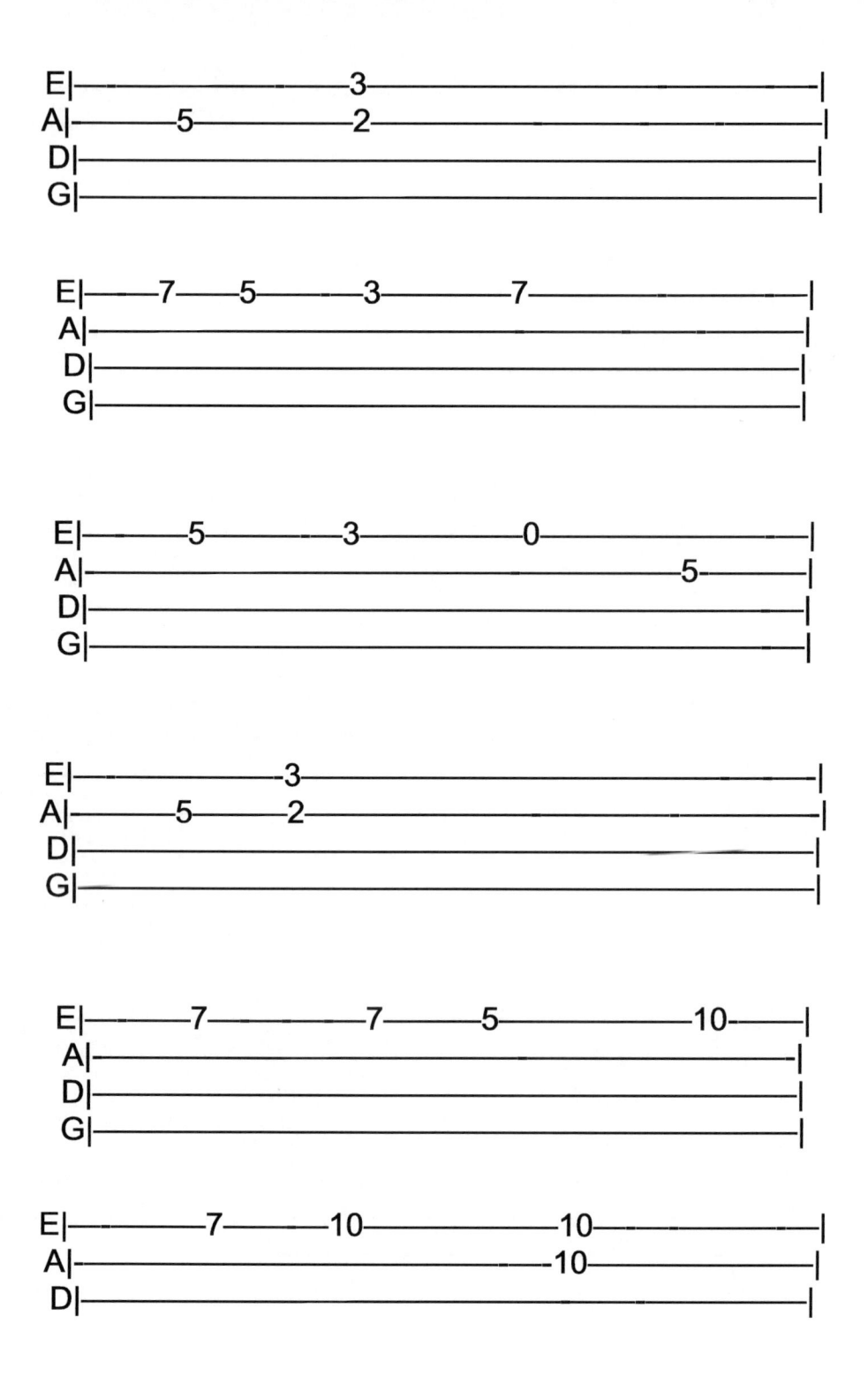

```
E|----------------3----------------|
A|------5---------2----------------|
D|---------------------------------|
G|---------------------------------|

E|------7-----5------3------7------|
A|---------------------------------|
D|---------------------------------|
G|---------------------------------|

E|------5------3--------0----------|
A|--------------------------5------|
D|---------------------------------|
G|---------------------------------|

E|----------------3----------------|
A|------5---------2----------------|
D|---------------------------------|
G|---------------------------------|

E|------7---------7------5------10-|
A|---------------------------------|
D|---------------------------------|
G|---------------------------------|

E|------7------10---------10-------|
A|---------------------10----------|
D|---------------------------------|
```

```
G|----------------------------------------|


E|------7---------7-----------------------|
A|--------------5-------------------------|
D|----------------------------------------|
G|----------------------------------------|


E|------5---------3-----------------------|
A|--------------2-------------------------|
D|----------------------------------------|
G|----------------------------------------|


E|--------0-------------------------------|
A|------------------5---------------------|
D|----------------------------------------|
G|----------------------------------------|


E|----------3--------7--------7-----------|
A|------5---------------------------------|
D|----------------------------------------|
G|----------------------------------------|


E|----5--------3--------------------------|
A|-----------2----------------------------|
D|----------------------------------------|
G|----------------------------------------|
```

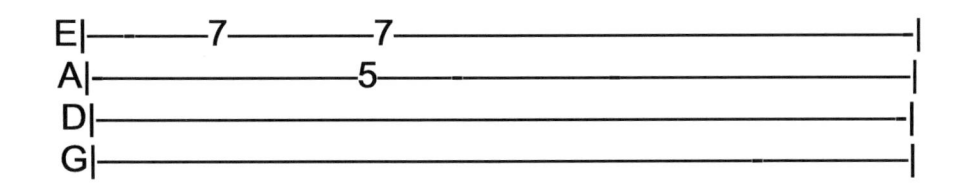

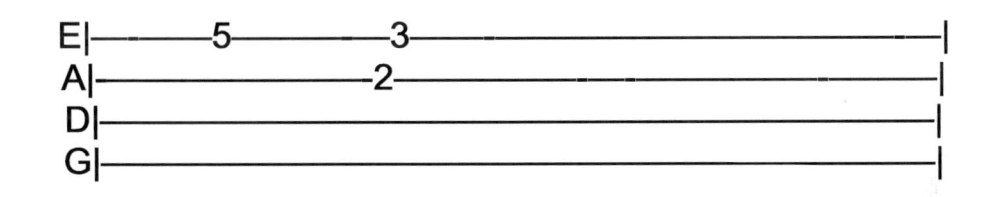

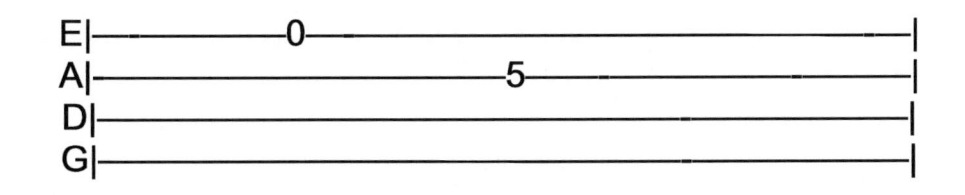

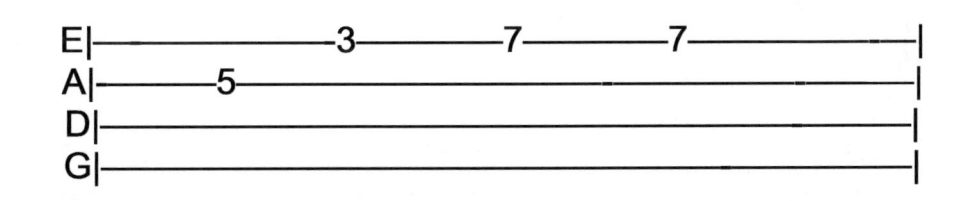

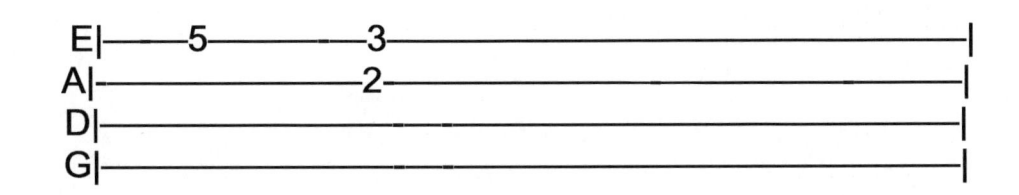

Joy to the World

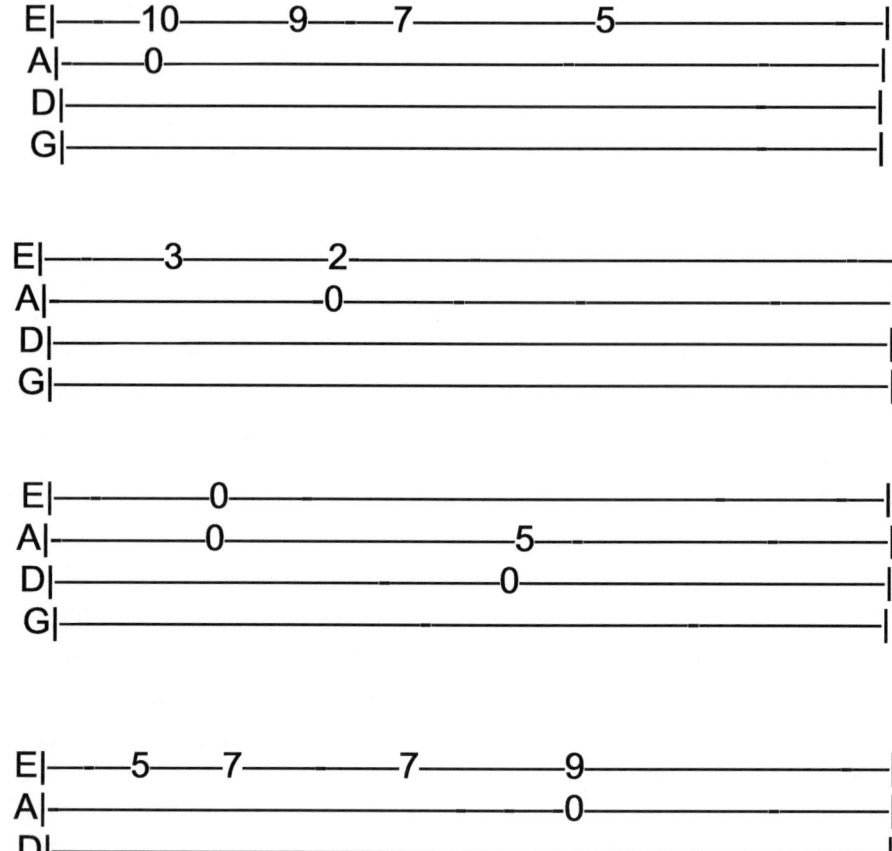

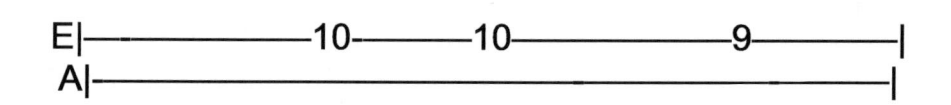

```
E|-----10------9-----7-----------5-----------|
A|------0-------------------------------------|
D|-------------------------------------------|
G|-------------------------------------------|


E|--------3---------2-------------------------|
A|------------------0-------------------------|
D|-------------------------------------------|
G|-------------------------------------------|


E|------------0-------------------------------|
A|------------0-----------------5-------------|
D|------------------------------0-------------|
G|-------------------------------------------|


E|------5----7----------7---------9-----------|
A|------------------------------0-------------|
D|-------------------------------------------|
G|-------------------------------------------|


E|--------------9---------10------------------|
A|-------------------------------------------|
D|-------------------------------------------|
G|-------------------------------------------|


E|------------10--------10------------9-------|
A|-------------------------------------------|
```

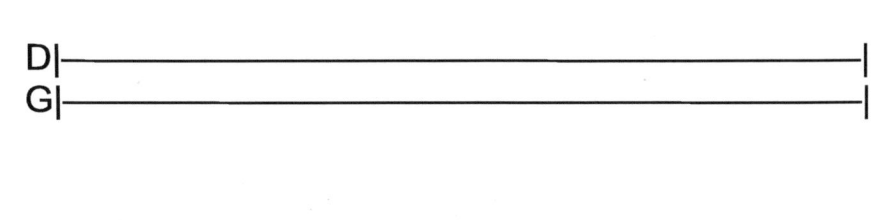

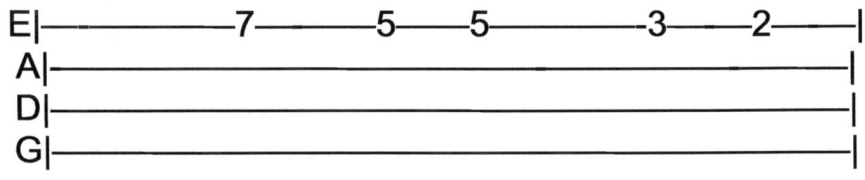

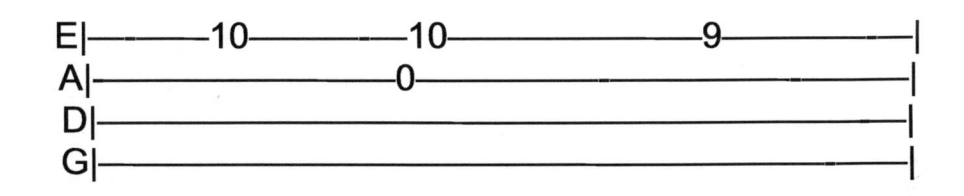

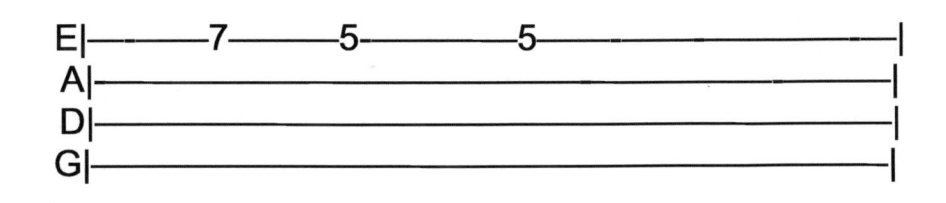

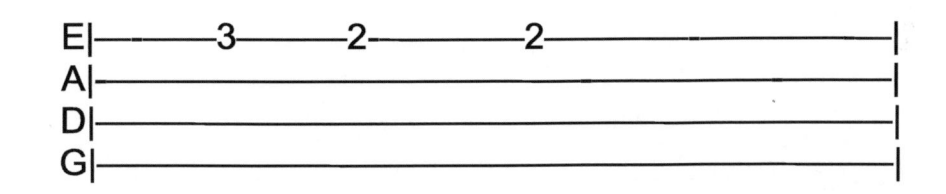

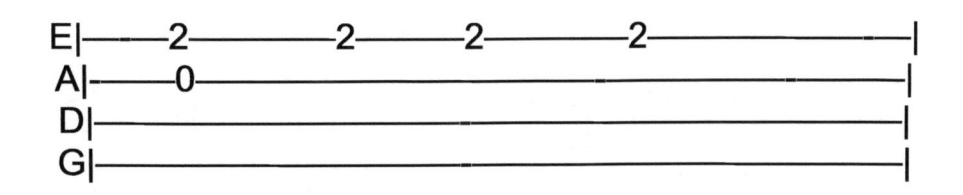

```
D|------------------------------------------------|
G|------------------------------------------------|


E|---------7--------5--------5------------3-----2----|
A|---------------------------------------------------|
D|---------------------------------------------------|
G|---------------------------------------------------|


E|-------10---------10--------------9--------|
A|-----------------0-------------------------|
D|-------------------------------------------|
G|-------------------------------------------|


E|--------7--------5---------5---------------|
A|-------------------------------------------|
D|-------------------------------------------|
G|-------------------------------------------|


E|--------3-------2----------2---------------|
A|-------------------------------------------|
D|-------------------------------------------|
G|-------------------------------------------|


E|------2--------2--------2---------2--------|
A|------0------------------------------------|
D|-------------------------------------------|
G|-------------------------------------------|
```

39

```
E|-----3-----5-----3-----2-----------|
A|-----------------------------------|
D|-----------------------------------|
G|-----------------------------------|
```

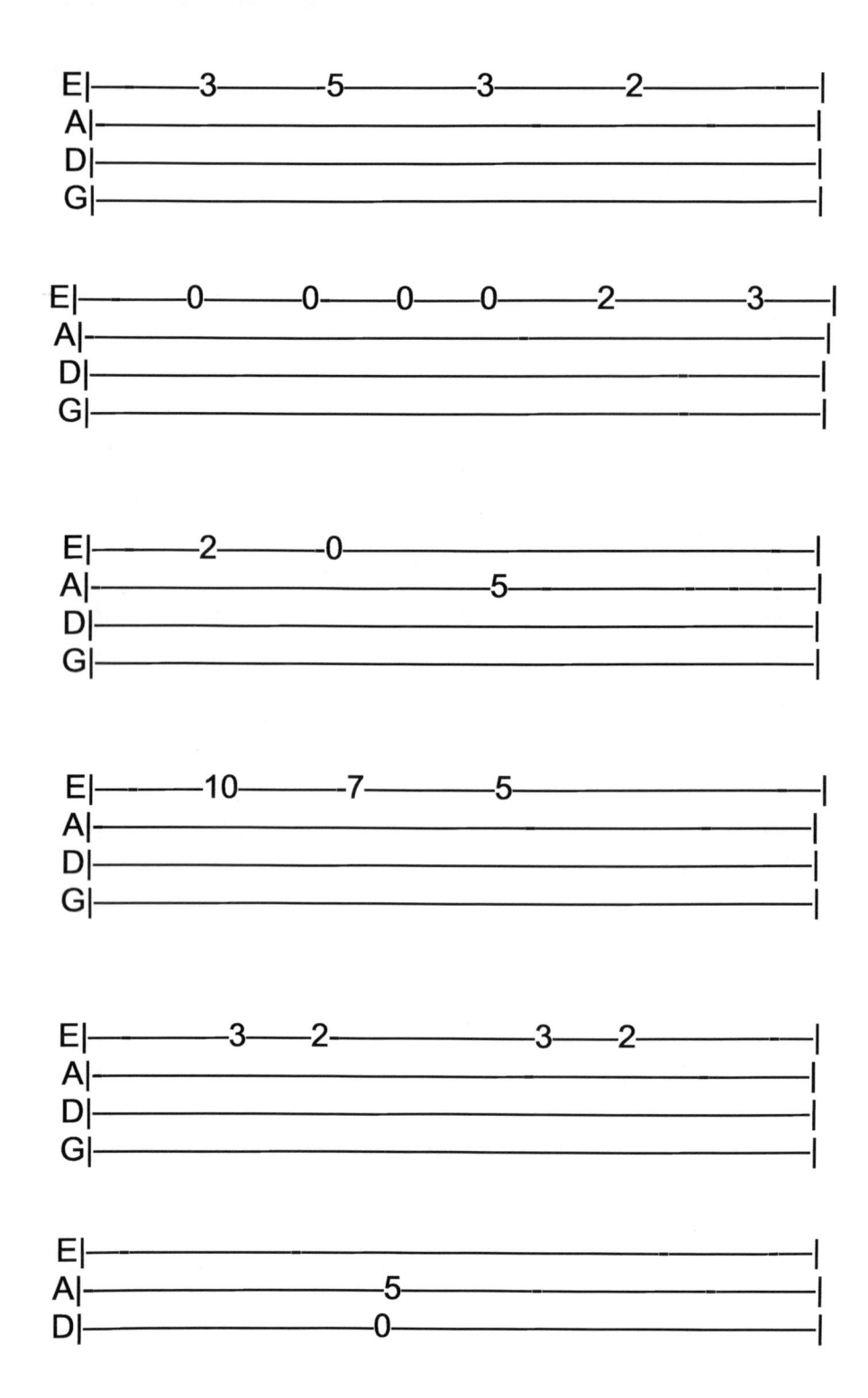

```
E|-----0-----0-----0-----0-----2-----3-----|
A|-----------------------------------------|
D|-----------------------------------------|
G|-----------------------------------------|
```

```
E|-----2-----0-----------------|
A|-----------------5-----------|
D|-----------------------------|
G|-----------------------------|
```

```
E|-----10-----7-----5-----------|
A|-----------------------------|
D|-----------------------------|
G|-----------------------------|
```

```
E|-----3-----2-----------3-----2-----------|
A|-----------------------------------------|
D|-----------------------------------------|
G|-----------------------------------------|
```

```
E|-----------------------------------|
A|-----------------5-----------------|
D|-----------0-----------------------|
```

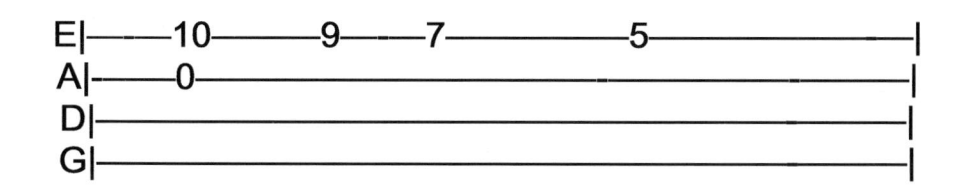

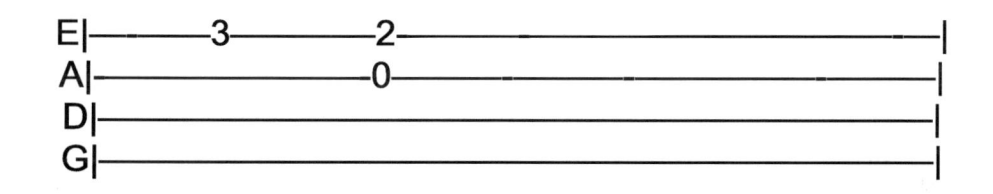

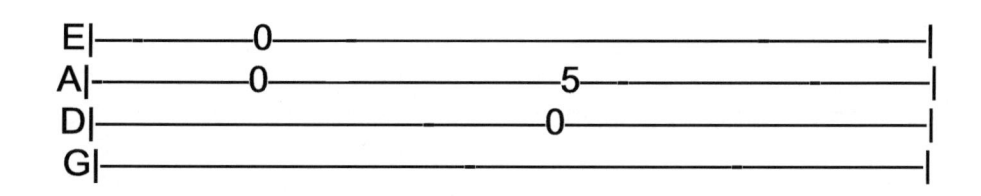

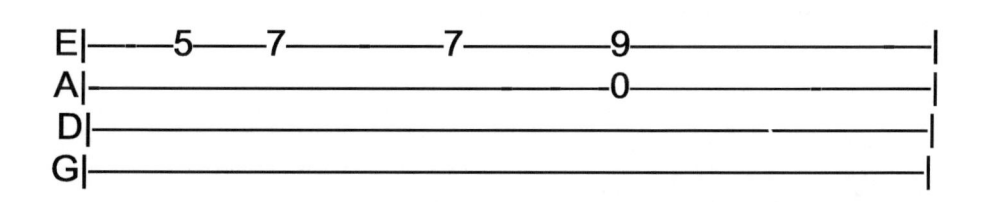

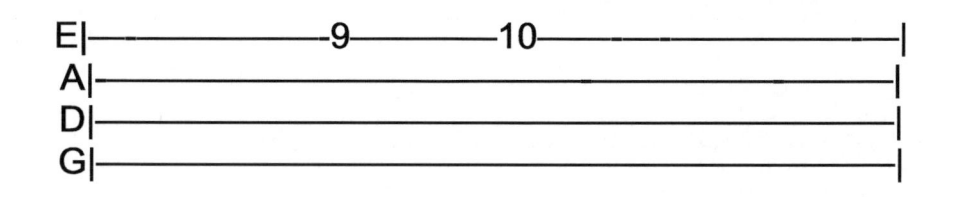

```
G|————————————————————————————————————————|


E|————10————9————7————————5————————————|
A|————0————————————————————————————————|
D|——————————————————————————————————————|
G|——————————————————————————————————————|


E|————————3————————2————————————————————|
A|——————————————————0————————————————————|
D|——————————————————————————————————————|
G|——————————————————————————————————————|


E|————————0——————————————————————————————|
A|————————0————————————5————————————————|
D|——————————————————————0————————————————|
G|——————————————————————————————————————|


E|————5————7————————7————————9——————————|
A|——————————————————————————0————————————|
D|——————————————————————————————————————|
G|——————————————————————————————————————|


E|————————————9————————10————————————————|
A|——————————————————————————————————————|
D|——————————————————————————————————————|
G|——————————————————————————————————————|
```

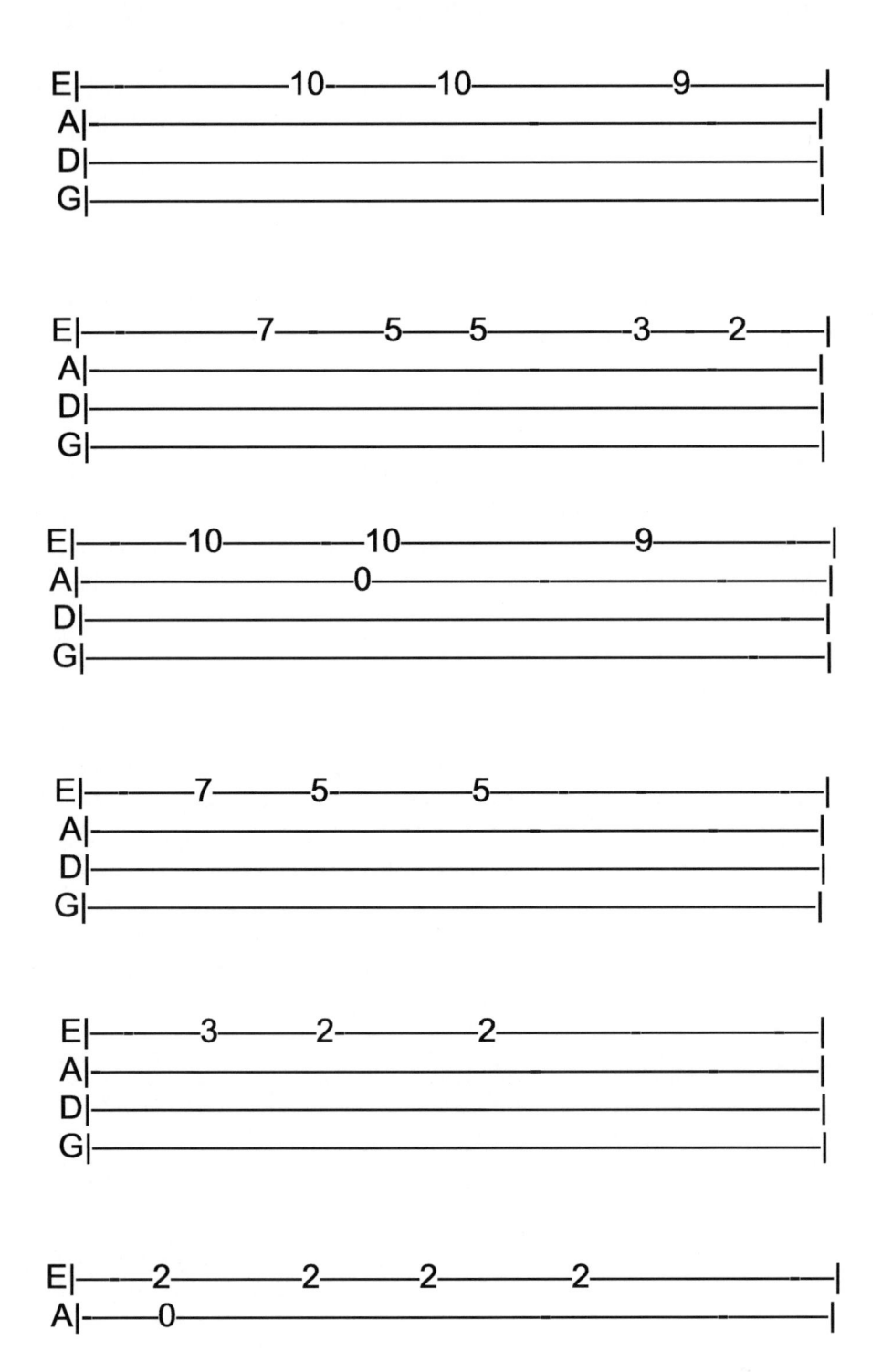

```
E|————10————10————————9————|
A|————————————————————————————|
D|————————————————————————————|
G|————————————————————————————|


E|————7————5————5————————3————2————|
A|————————————————————————————————|
D|————————————————————————————————|
G|————————————————————————————————|


E|————10————————10————————————9————|
A|————————————0————————————————————|
D|————————————————————————————————|
G|————————————————————————————————|


E|————7————5————————5————————————|
A|————————————————————————————————|
D|————————————————————————————————|
G|————————————————————————————————|


E|————3————2————————2————————————|
A|————————————————————————————————|
D|————————————————————————————————|
G|————————————————————————————————|


E|————2————————2————2————————2————|
A|————0————————————————————————————|
```

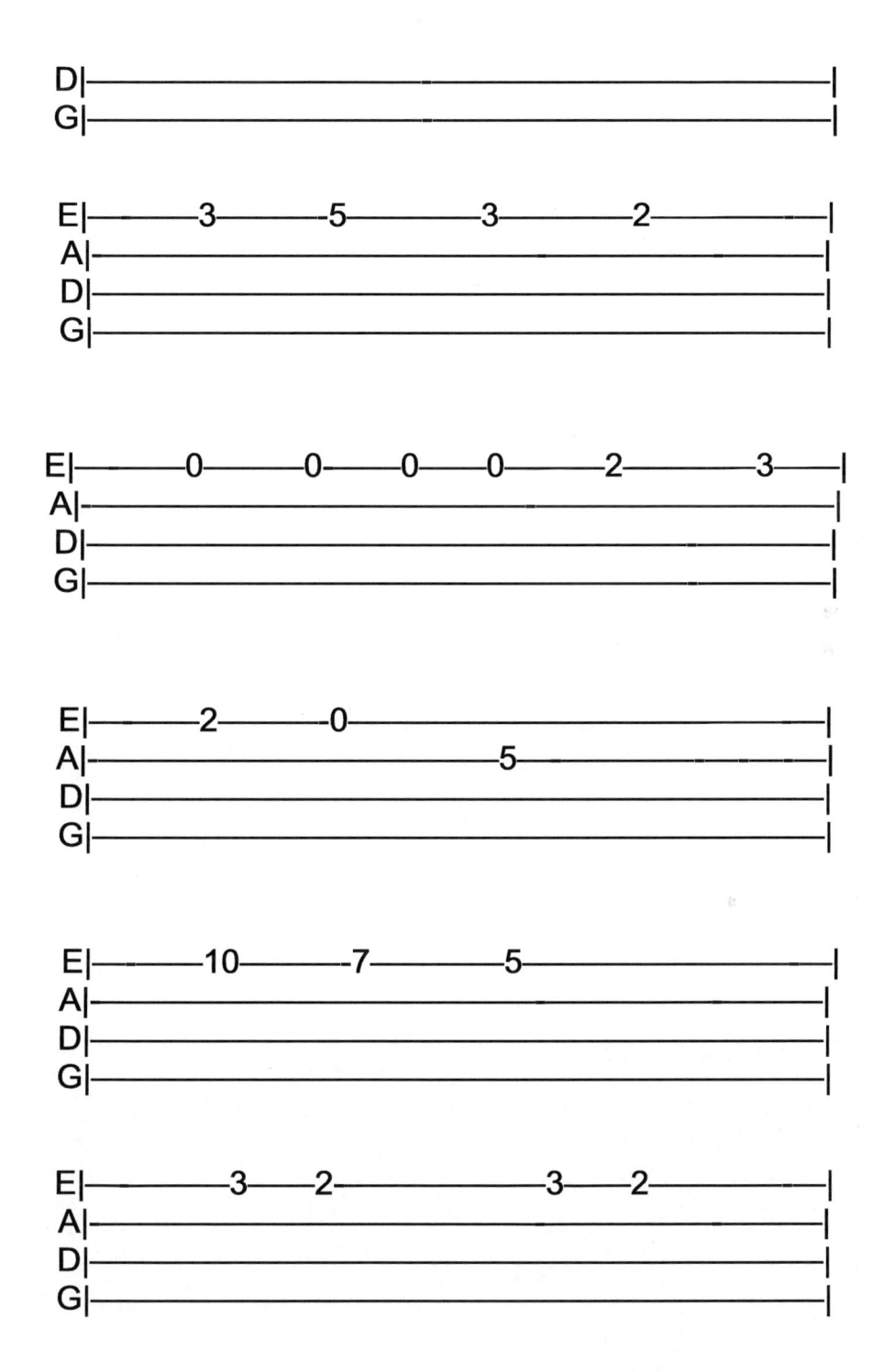

```
D|------------------------------------------------|
G|------------------------------------------------|


E|------3------5------3------2------|
A|----------------------------------|
D|----------------------------------|
G|----------------------------------|


E|------0------0------0------0------2------3------|
A|------------------------------------------------|
D|------------------------------------------------|
G|------------------------------------------------|


E|------2------0--------------------|
A|--------------------5-------------|
D|----------------------------------|
G|----------------------------------|


E|------10------7------5------|
A|----------------------------|
D|----------------------------|
G|----------------------------|


E|------3------2------------3------2------|
A|----------------------------------------|
D|----------------------------------------|
G|----------------------------------------|
```

```
E|------------------------------------|
A|---------------5--------------------|
D|---------------0--------------------|
G|------------------------------------|
```

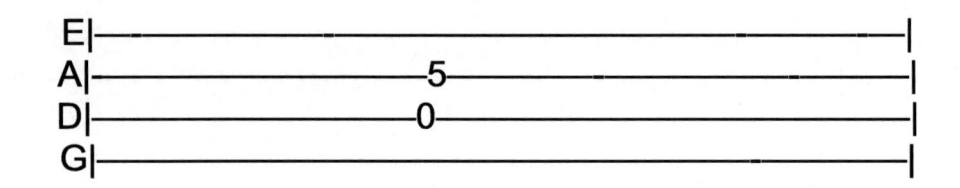

My Morning Brew
(Traditional Celtic jig)

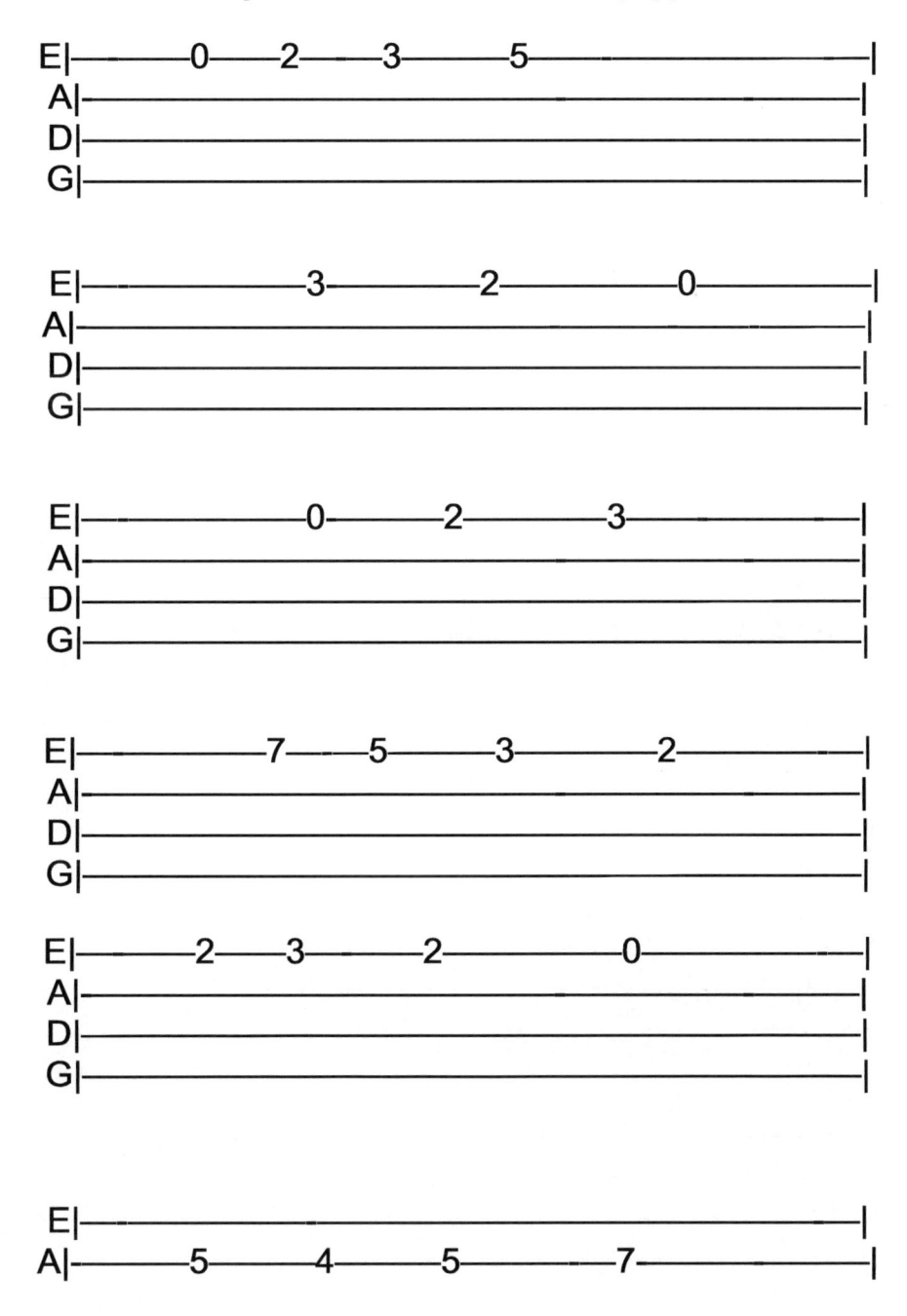

```
E|———0———2———3———5———————|
A|————————————————————————|
D|————————————————————————|
G|————————————————————————|

E|———————3———————2———————0———|
A|———————————————————————————|
D|———————————————————————————|
G|———————————————————————————|

E|—————0———————2———————3—————|
A|———————————————————————————|
D|———————————————————————————|
G|———————————————————————————|

E|———7———5———3———————2———————|
A|———————————————————————————|
D|———————————————————————————|
G|———————————————————————————|

E|———2———3———2———————0———————|
A|———————————————————————————|
D|———————————————————————————|
G|———————————————————————————|

E|———————————————————————————|
A|———5———4———5———————7———————|
```

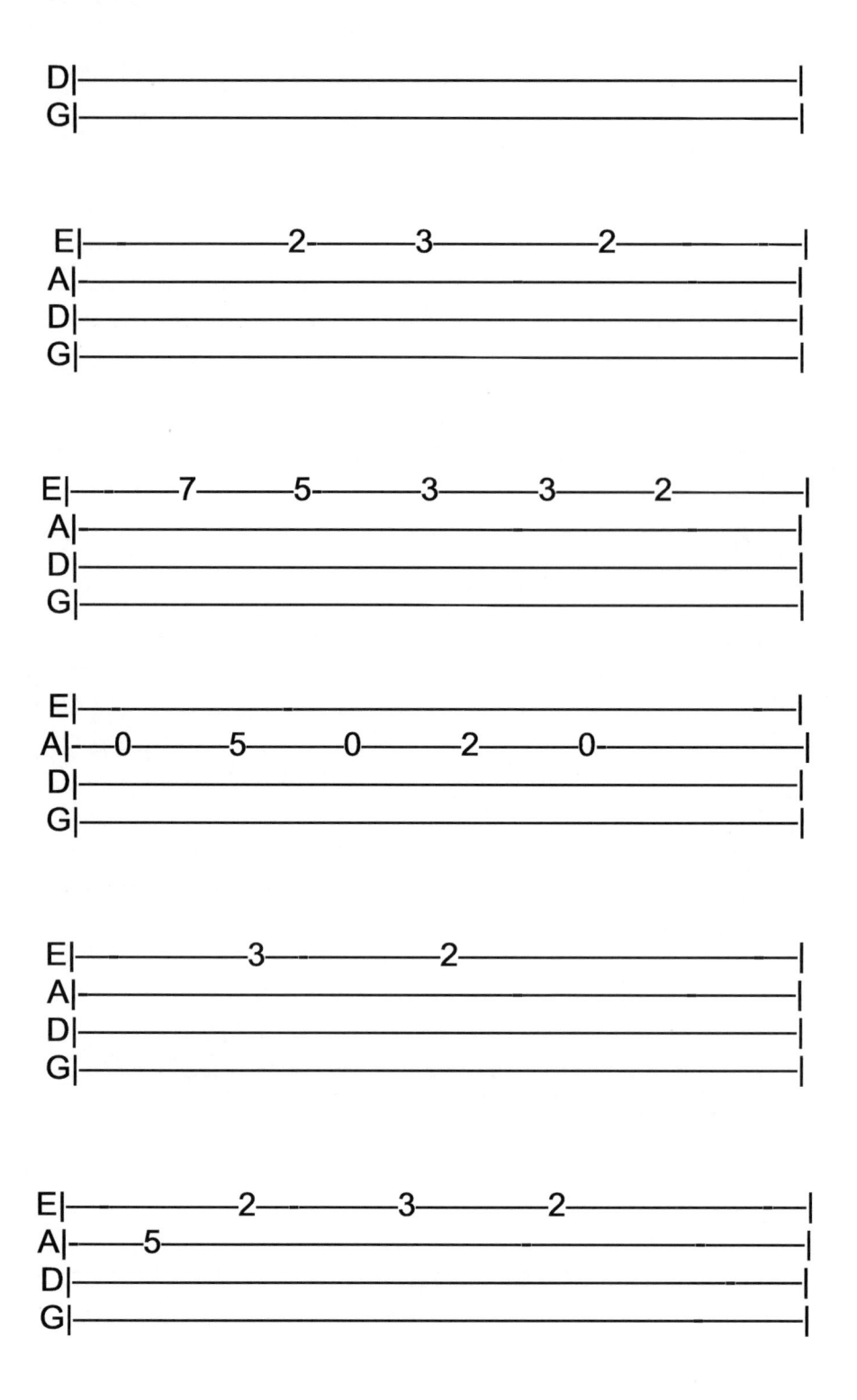

```
D|------------------------------------------------|
G|------------------------------------------------|


E|--------2--------3--------2---------------------|
A|------------------------------------------------|
D|------------------------------------------------|
G|------------------------------------------------|


E|-----7-----5-----3-----3-----2------------------|
A|------------------------------------------------|
D|------------------------------------------------|
G|------------------------------------------------|


E|------------------------------------------------|
A|---0-----5-----0-----2-----0--------------------|
D|------------------------------------------------|
G|------------------------------------------------|


E|----------3--------2----------------------------|
A|------------------------------------------------|
D|------------------------------------------------|
G|------------------------------------------------|


E|--------2--------3--------2---------------------|
A|-----5------------------------------------------|
D|------------------------------------------------|
G|------------------------------------------------|
```

```
E|----------------------0------------------------|
A|-----------------------------------------------|
D|-----------------------------------------------|
G|-----------------------------------------------|


E|-----------------------------------------------|
A|------5--------4--------5---------2------------|
D|-----------------------------------------------|
G|-----------------------------------------------|


E|-----------------------------------------------|
A|--------------5--------------------------------|
D|-----------------------------------------------|
G|-----------------------------------------------|


E|---------2-------------------------------------|
A|-------0---------------------------------------|
D|-------0---------------------------------------|
G|-----------------------------------------------|


E|-----0----2----3-----5-------------------------|
A|-----------------------------------------------|
D|-----------------------------------------------|
G|-----------------------------------------------|

E|----------3--------2---------0-----------------|
A|-----------------------------------------------|
D|-----------------------------------------------|
```

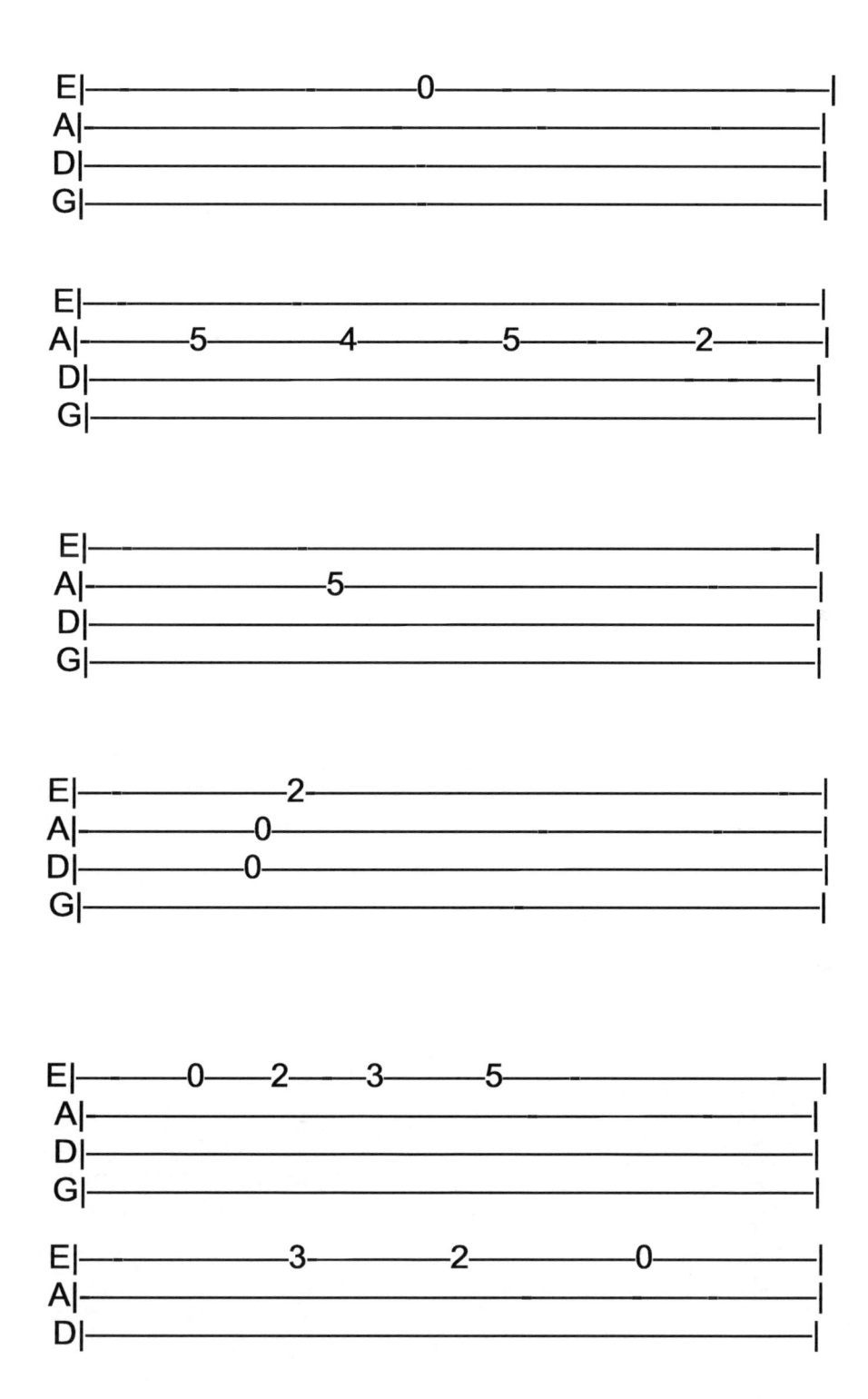

```
G|————————————————————————————|


E|————0————2————3————————————|
A|———————————————————————————|
D|———————————————————————————|
G|———————————————————————————|


E|————7————5————3————2———————|
A|———————————————————————————|
D|———————————————————————————|
G|———————————————————————————|


E|————2————3————2————0———————|
A|———————————————————————————|
D|———————————————————————————|
G|———————————————————————————|

E|———————————————————————————|
A|————5————4————5————7———————|
D|———————————————————————————|
G|———————————————————————————|


E|————————2————3————2————————|
A|———————————————————————————|
D|———————————————————————————|
G|———————————————————————————|
```

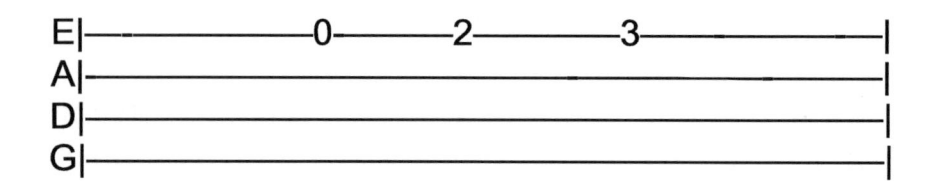

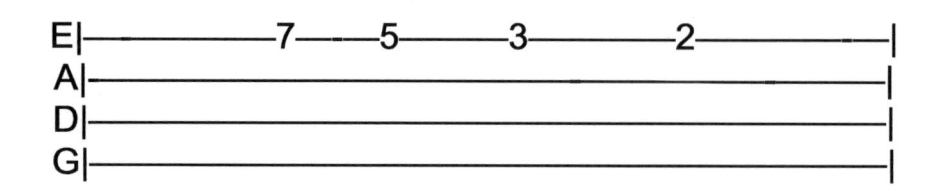

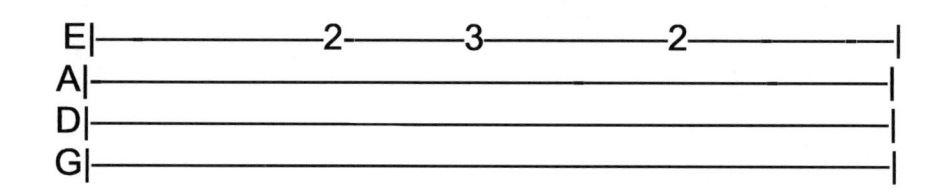

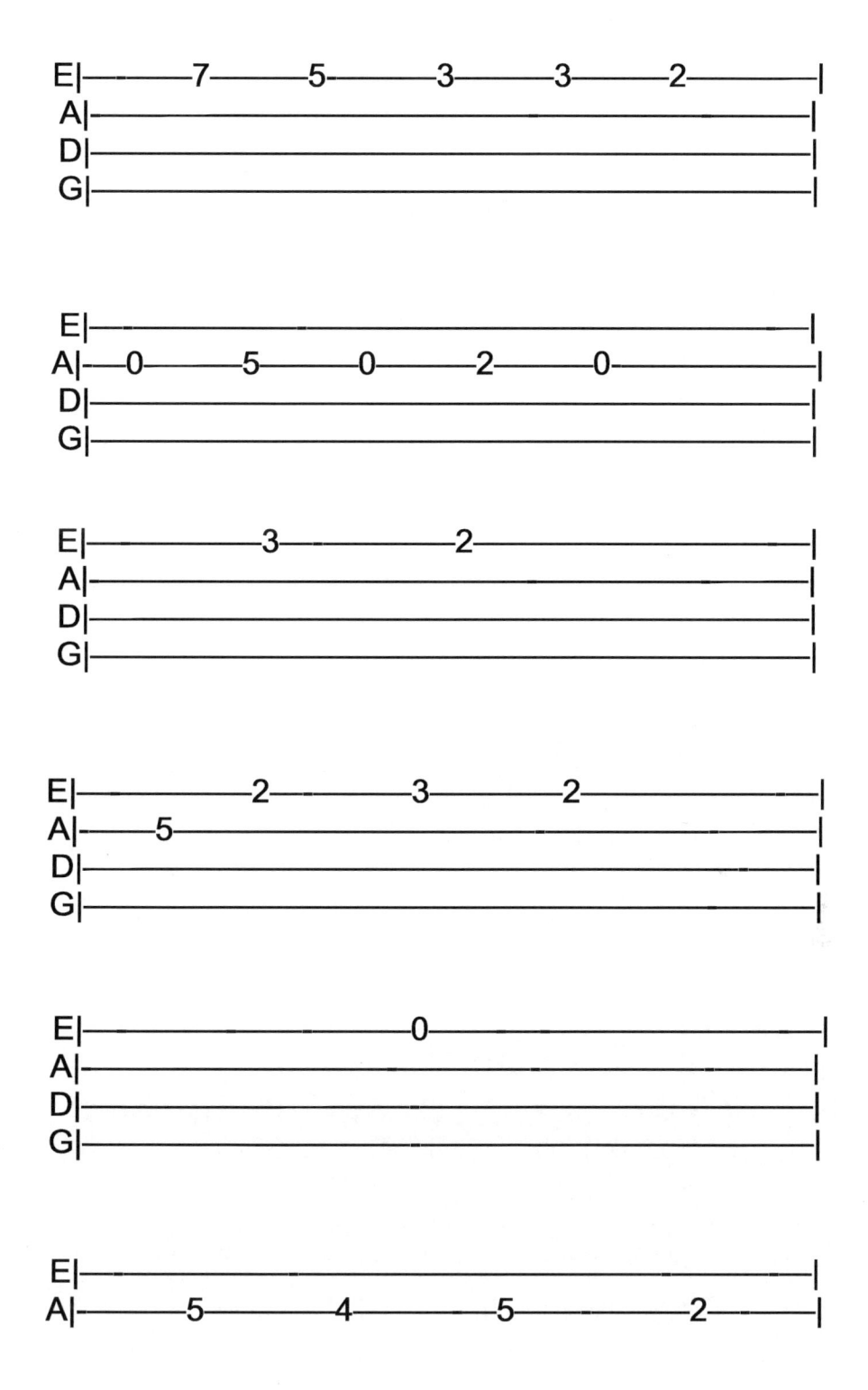

```
E|------7------5------3------3------2------|
A|-----------------------------------------|
D|-----------------------------------------|
G|-----------------------------------------|


E|-----------------------------------------|
A|---0------5------0------2------0---------|
D|-----------------------------------------|
G|-----------------------------------------|


E|---------3--------------2----------------|
A|-----------------------------------------|
D|-----------------------------------------|
G|-----------------------------------------|


E|---------2------3------2-----------------|
A|----5------------------------------------|
D|-----------------------------------------|
G|-----------------------------------------|


E|------------------0----------------------|
A|-----------------------------------------|
D|-----------------------------------------|
G|-----------------------------------------|


E|-----------------------------------------|
A|-----5------4------5------2--------------|
```

```
D|------------------------------------------------|
G|------------------------------------------------|


E|------------------------------------------------|
A|---------------5--------------------------------|
D|------------------------------------------------|
G|------------------------------------------------|


E|--------------2---------------------------------|
A|---------0--------------------------------------|
D|---------0--------------------------------------|
G|------------------------------------------------|
```

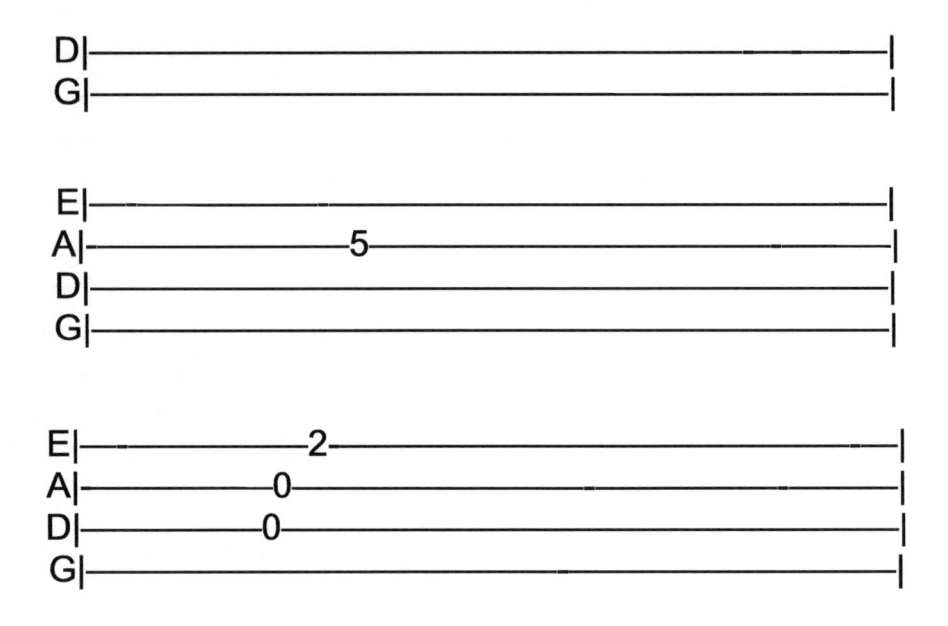

Yorkshire Dials
(Traditional jig from Hull, England)

FUN FACT: The original jig has never been published or tabbed out. It's a tune that has a grand heritage in the north of England and one which has been passed down from fathers to sons who play folk music. It dates back to 1891 and here is an accurate

```
E|---------------------------------|
A|---------------------------------|
D|-----5---------7-----------------|
G|---------------------------------|


E|---------------------------------|
A|-----7----5------5----3----------|
D|---------------------------------|
G|---------------------------------|


E|-----3---------5---------3-------|
A|---------------------------------|
D|---------------------------------|
G|---------------------------------|


E|---------------------------------|
A|---------------------------------|
D|-----------5---------7-----------|
G|---------------------------------|


E|---------------------------------|
A|---------------------------------|
D|--------7----5----3--------------|
G|---------------------------------|


E|--------3-----5------5-----3-----|
```

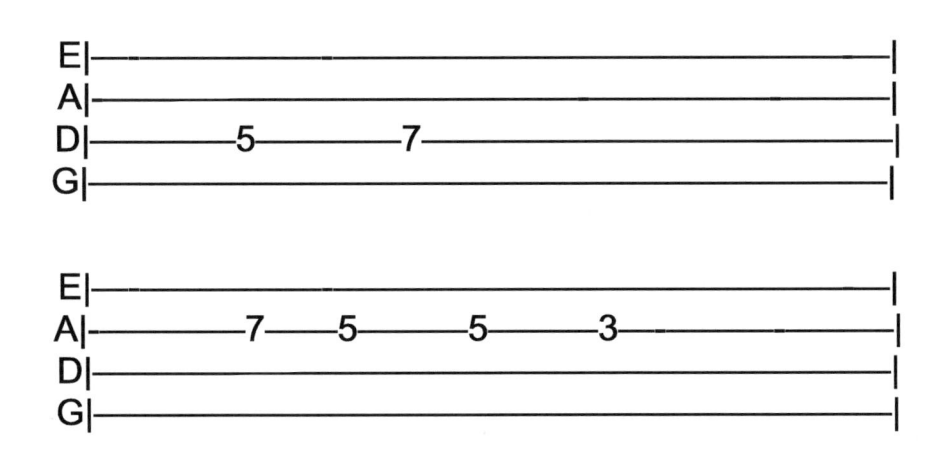

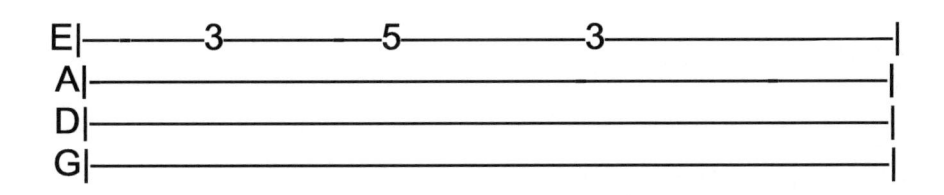

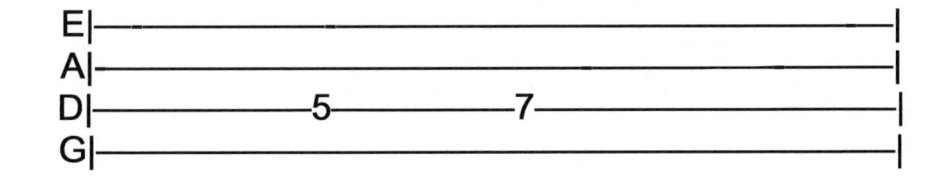

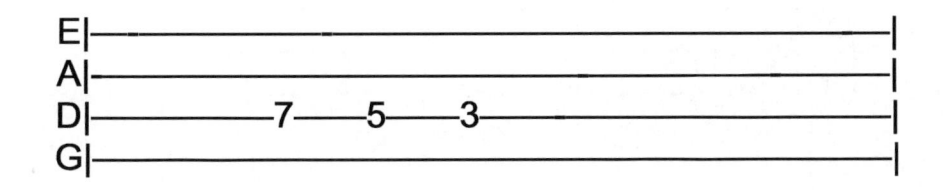

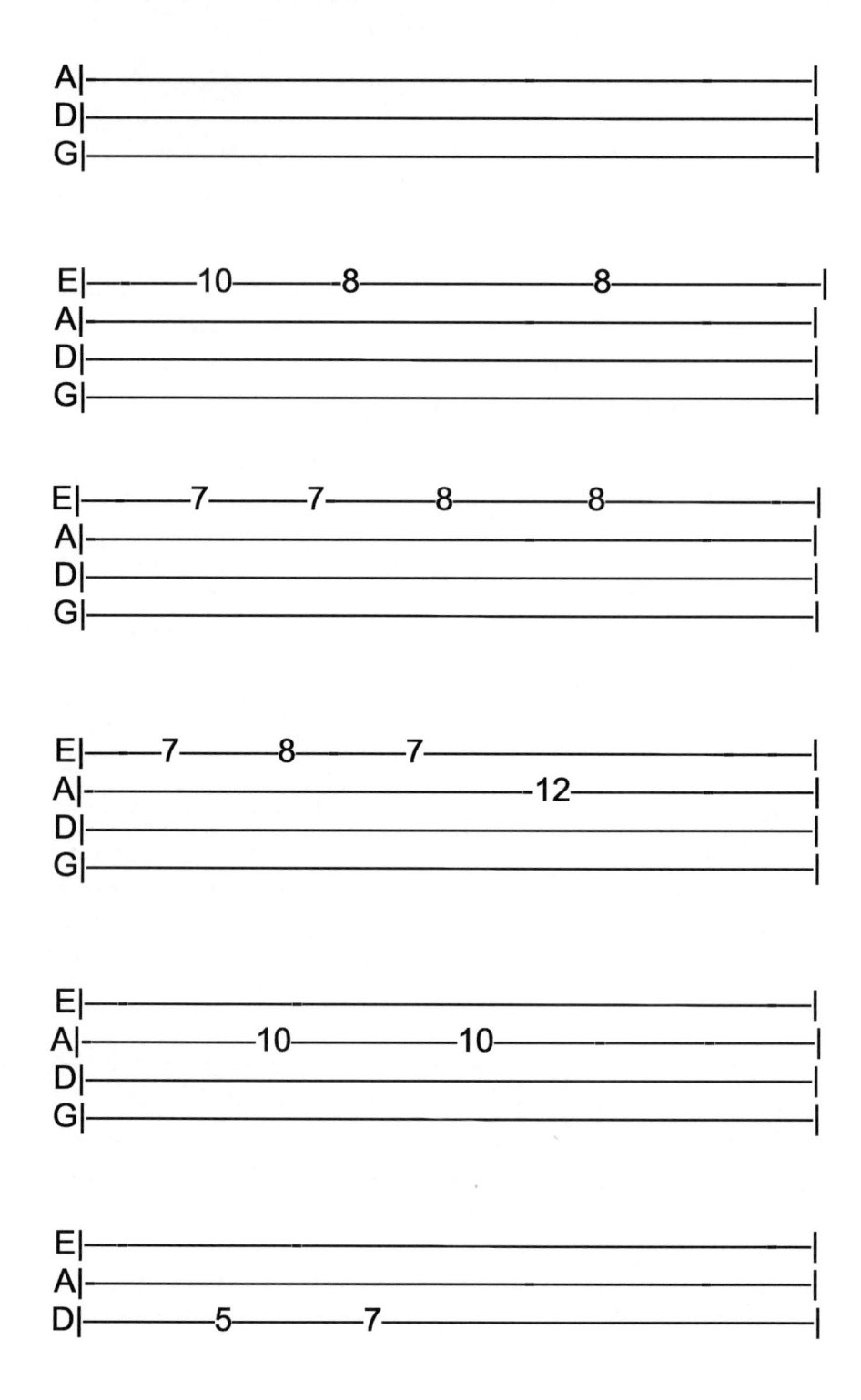

```
A|----------------------------------|
D|----------------------------------|
G|----------------------------------|


E|-------10--------8----------8-----|
A|----------------------------------|
D|----------------------------------|
G|----------------------------------|


E|-------7---------7---------8---------8--------|
A|----------------------------------------------|
D|----------------------------------------------|
G|----------------------------------------------|


E|-------7---------8---------7------------------|
A|---------------------------------12-----------|
D|----------------------------------------------|
G|----------------------------------------------|


E|----------------------------------------------|
A|-------------10---------10--------------------|
D|----------------------------------------------|
G|----------------------------------------------|


E|----------------------------------------------|
A|----------------------------------------------|
D|-------5---------7----------------------------|
```

```
G|---------------------------------------------|


E|---------------------------------------------|
A|-------7-----5---------5-------3-------------|
D|---------------------------------------------|
G|---------------------------------------------|


E|-------3---------5-------------3-------------|
A|---------------------------------------------|
D|---------------------------------------------|
G|---------------------------------------------|


E|---------------------------------------------|
A|---------------------------------------------|
D|-----------5-----------7---------------------|
G|---------------------------------------------|


E|---------------------------------------------|
A|---------------------------------------------|
D|-----------7-----5-----3---------------------|
G|---------------------------------------------|


E|-------3-----5---------5-------3-------------|
A|---------------------------------------------|
D|---------------------------------------------|
G|---------------------------------------------|
```

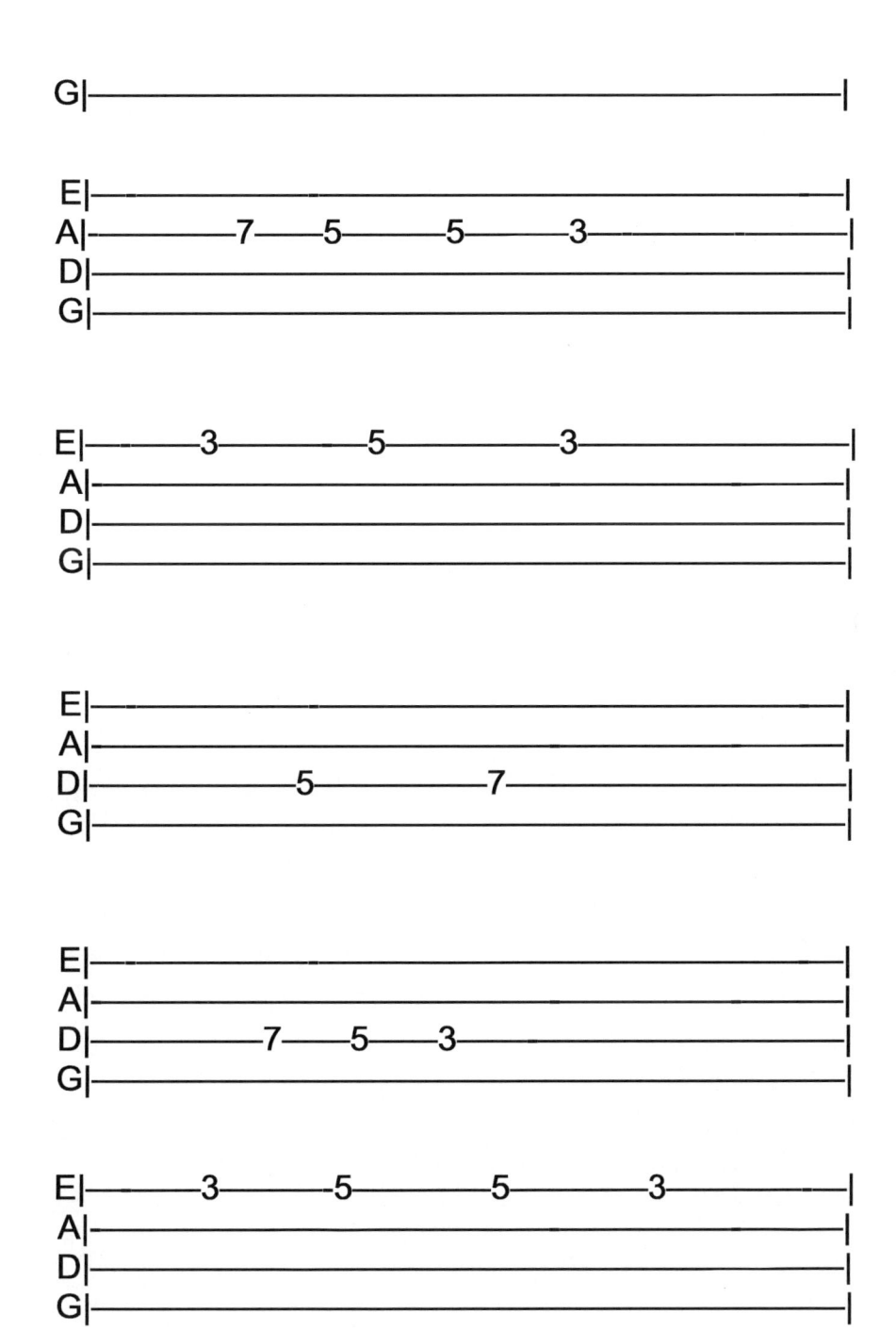

```
E|——10———8————————8——————|
A|————————————————————————|
D|————————————————————————|
G|————————————————————————|


E|——7———7———8———8—————————|
A|————————————————————————|
D|————————————————————————|
G|————————————————————————|


E|——7———8———7—————————————|
A|——————————————12————————|
D|————————————————————————|
G|————————————————————————|


E|————————————————————————|
A|——————10———————10———————|
D|————————————————————————|
G|————————————————————————|
```

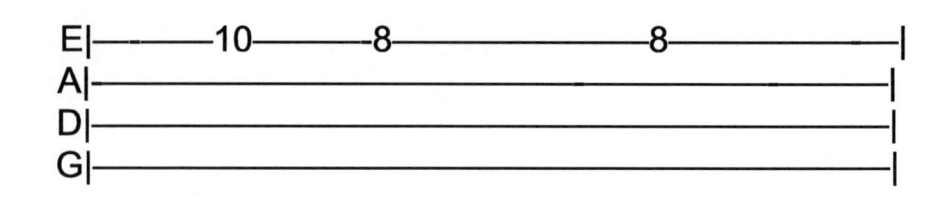

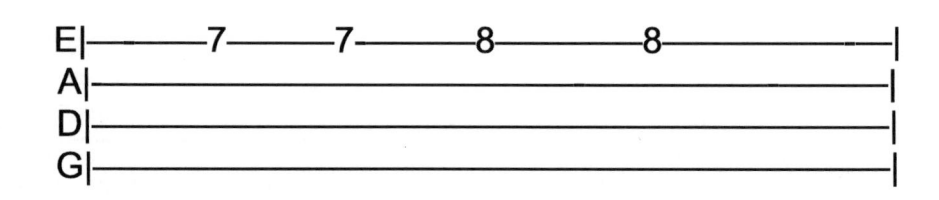

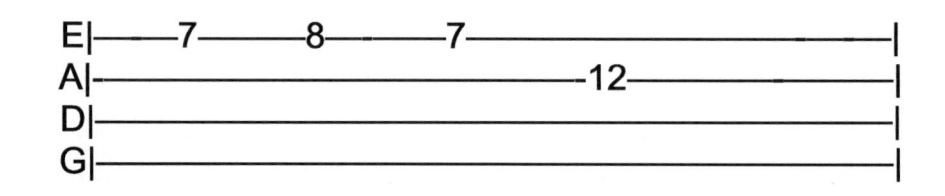

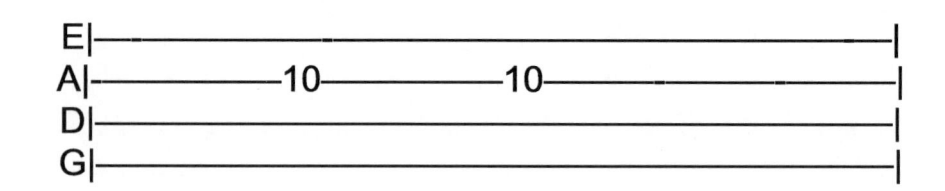

Cooley's Reel

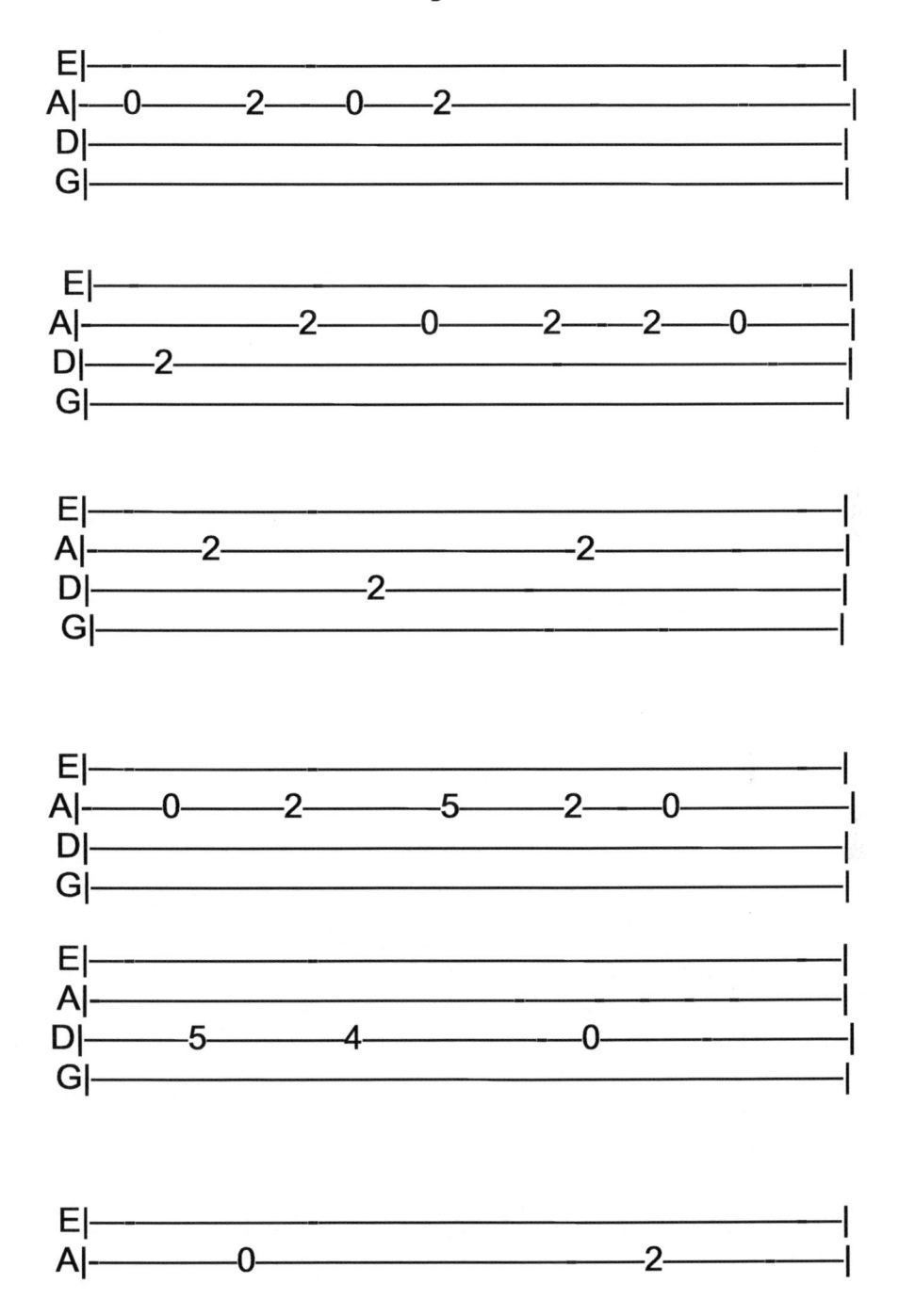

```
E|-------------------------------------------|
A|---0------2------0------2------------------|
D|-------------------------------------------|
G|-------------------------------------------|

E|-------------------------------------------|
A|---------2------0------2------2------0-----|
D|----2--------------------------------------|
G|-------------------------------------------|

E|-------------------------------------------|
A|-------2----------------------2------------|
D|---------------2---------------------------|
G|-------------------------------------------|

E|-------------------------------------------|
A|---0------2------5------2------0-----------|
D|-------------------------------------------|
G|-------------------------------------------|

E|-------------------------------------------|
A|-------------------------------------------|
D|---5------4-------------0------------------|
G|-------------------------------------------|

E|-------------------------------------------|
A|--------0--------------------2-------------|
```

```
D|----------------0-----------|
G|----------------------------|


E|----------------------------|
A|----------------0-----------|
D|----0-------------------0---|
G|----------------------------|


E|----------------------------|
A|----------------------------|
D|------4---------0-------4---|
G|----------------------------|

E|----------------------------|
A|--0----0----5----0----------|
D|----------------------------|
G|----------------------------|


E|----------------------------|
A|----------------------------|
D|----0-------4-------0-------|
G|----------------------------|


E|--------0-----2-----3-------|
A|----------------------------|
D|----------------------------|
G|----------------------------|
```

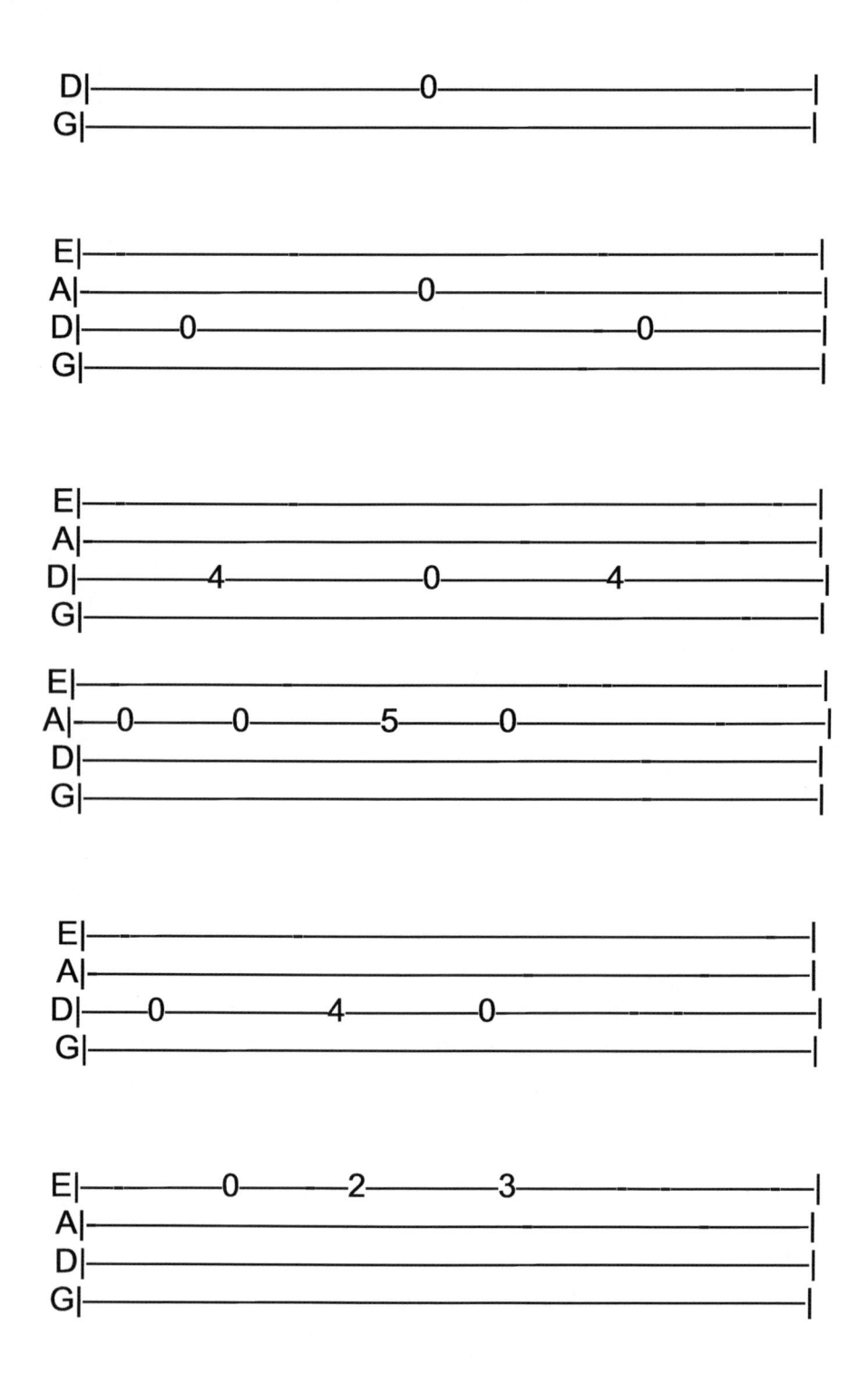

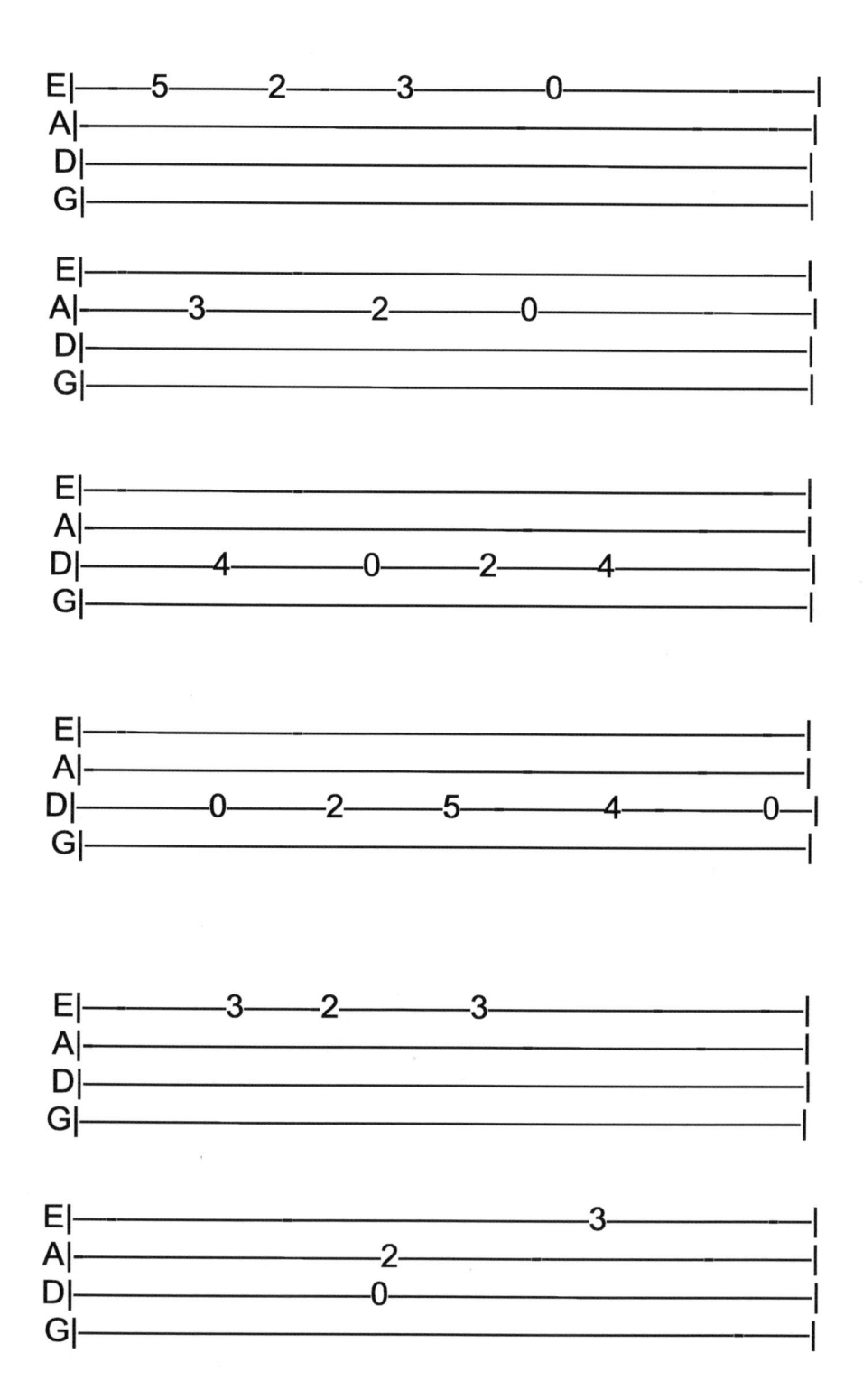

```
E|-----5-----2-----3-----0-----------------|
A|-----------------------------------------|
D|-----------------------------------------|
G|-----------------------------------------|

E|-----------------------------------------|
A|-----3-----------2-----0-----------------|
D|-----------------------------------------|
G|-----------------------------------------|

E|-----------------------------------------|
A|-----------------------------------------|
D|-----4-----0-----2-----4-----------------|
G|-----------------------------------------|

E|-----------------------------------------|
A|-----------------------------------------|
D|-----0-----2-----5-----4-----0-----------|
G|-----------------------------------------|

E|-------3-----2-----3---------------------|
A|-----------------------------------------|
D|-----------------------------------------|
G|-----------------------------------------|

E|-----------------------------3-----------|
A|-----------------2-----------------------|
D|-----------0-----------------------------|
G|-----------------------------------------|
```

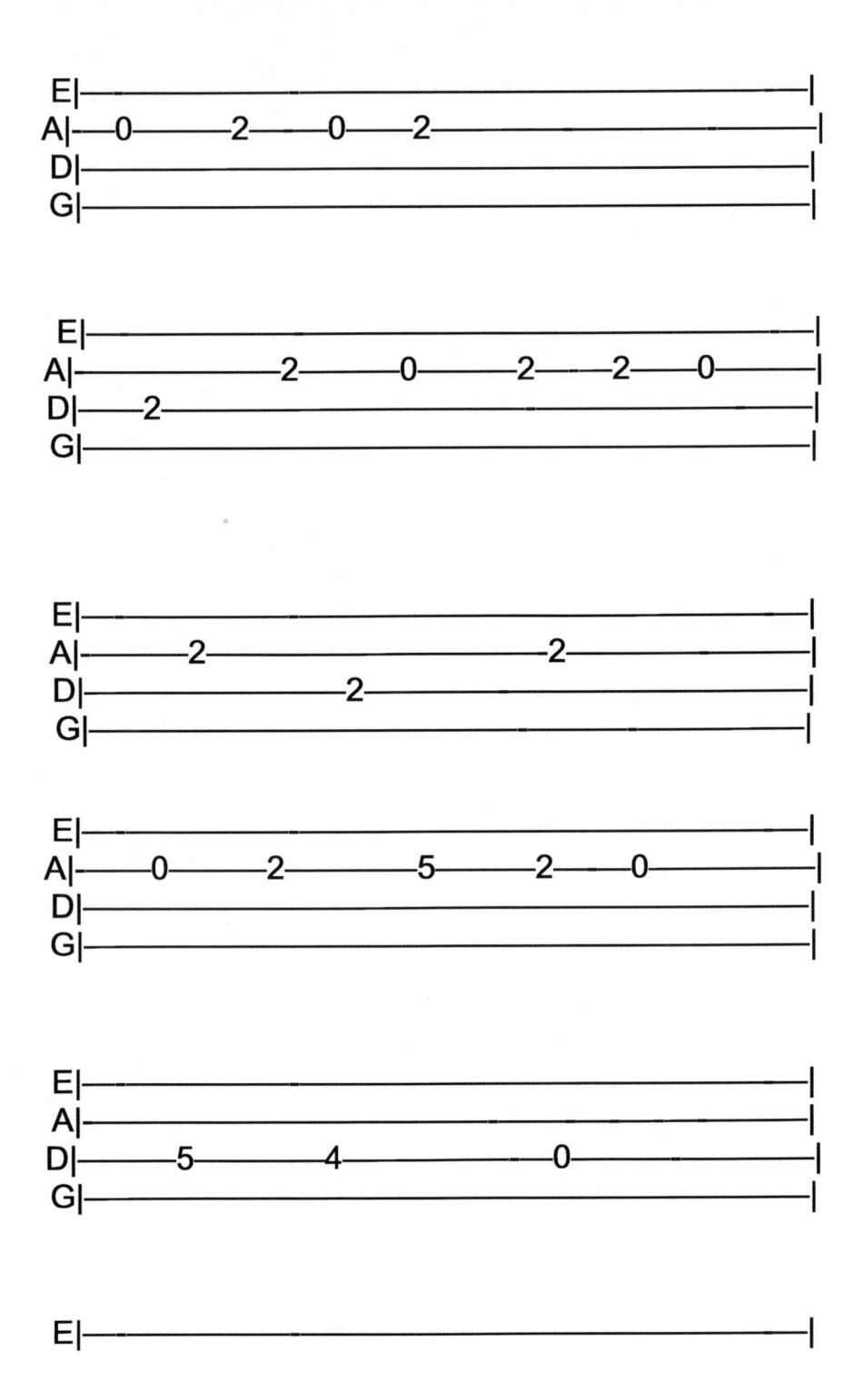

```
E|-------------------------------|
A|---0------2------0------2------|
D|-------------------------------|
G|-------------------------------|


E|-------------------------------------------|
A|-----------2------0------2------2------0---|
D|---2---------------------------------------|
G|-------------------------------------------|


E|-------------------------------|
A|------2------------------2-----|
D|---------------2---------------|
G|-------------------------------|


E|------------------------------------|
A|-----0------2------5------2------0--|
D|------------------------------------|
G|------------------------------------|


E|-------------------------------|
A|-------------------------------|
D|---5------4---------0----------|
G|-------------------------------|


E|-------------------------------|
```

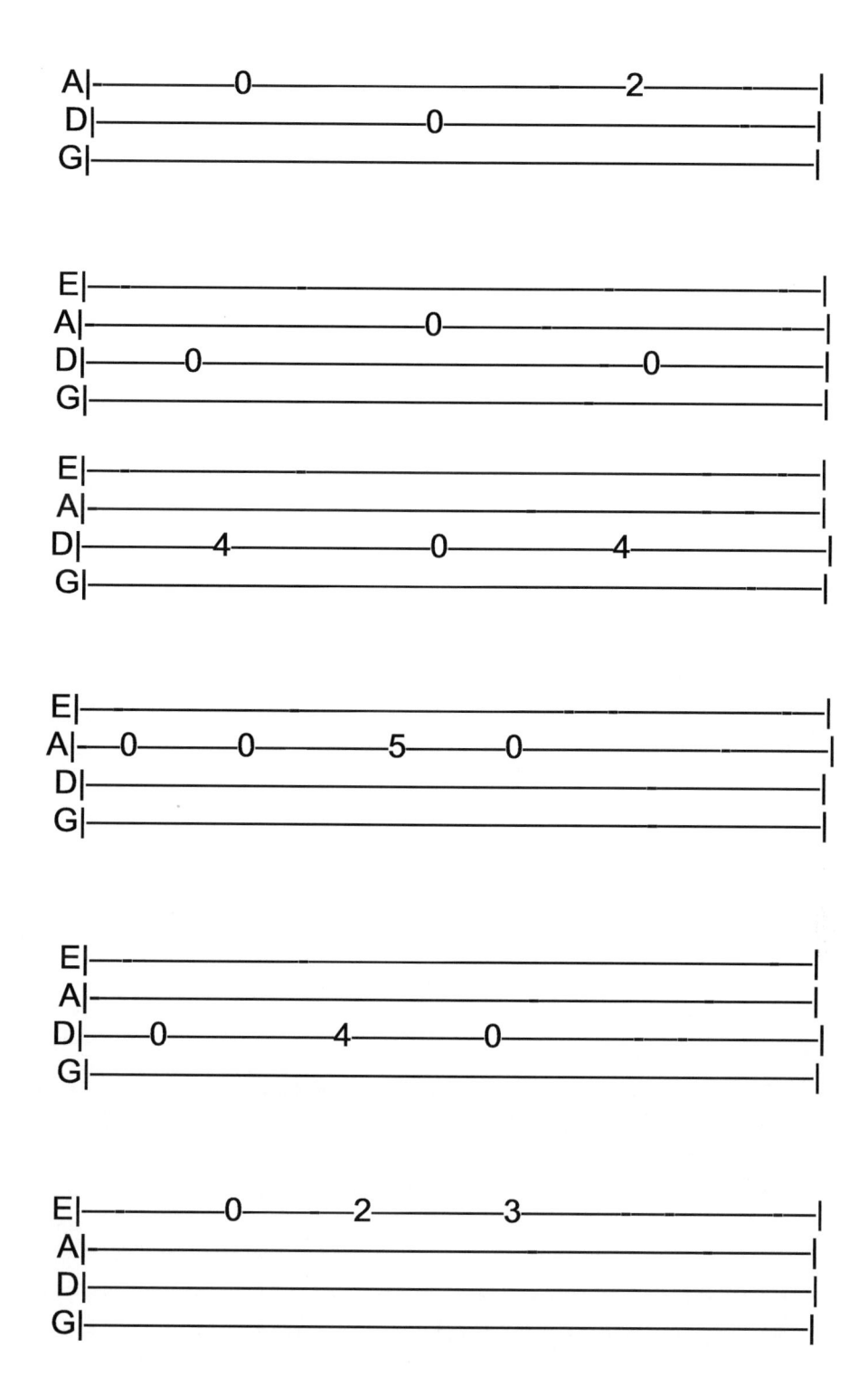

```
A|-----0-----------------2-----|
D|-----------0-----------------|
G|-----------------------------|


E|-----------------------------|
A|-----------0-----------------|
D|-----0-----------------0-----|
G|-----------------------------|

E|-----------------------------|
A|-----------------------------|
D|-----4-----------0-----4-----|
G|-----------------------------|


E|-----------------------------|
A|--0-----0-----5-----0--------|
D|-----------------------------|
G|-----------------------------|


E|-----------------------------|
A|-----------------------------|
D|--0-----------4-----0--------|
G|-----------------------------|


E|--------0-----2-----3--------|
A|-----------------------------|
D|-----------------------------|
G|-----------------------------|
```

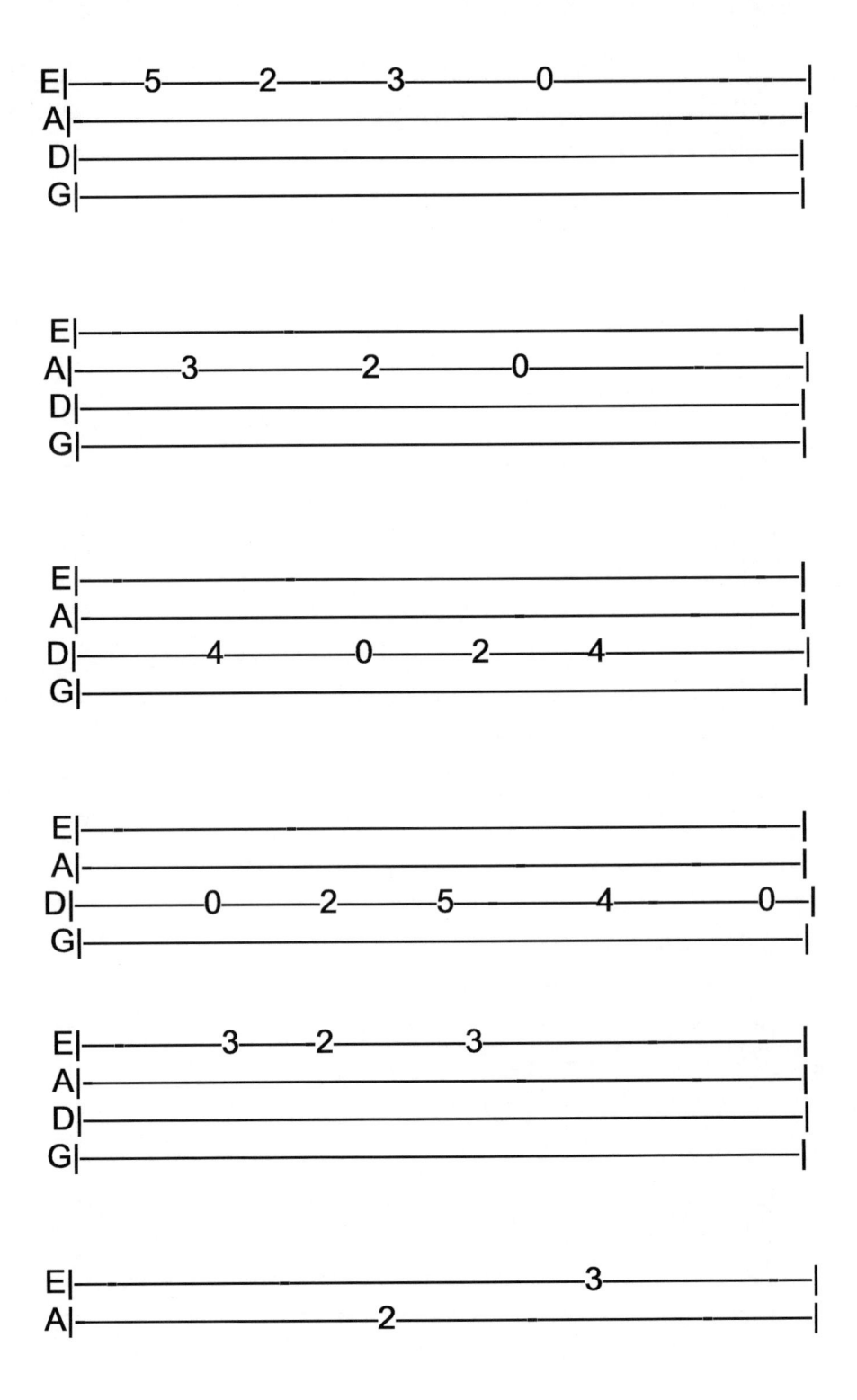

```
E|-----5------2------3---------0------------------|
A|------------------------------------------------|
D|------------------------------------------------|
G|------------------------------------------------|


E|------------------------------------------------|
A|-----3-------------2---------0------------------|
D|------------------------------------------------|
G|------------------------------------------------|


E|------------------------------------------------|
A|------------------------------------------------|
D|-----4-------0------2--------4------------------|
G|------------------------------------------------|


E|------------------------------------------------|
A|------------------------------------------------|
D|-----0-------2------5--------4-----------0------|
G|------------------------------------------------|


E|-----3------2------3----------------------------|
A|------------------------------------------------|
D|------------------------------------------------|
G|------------------------------------------------|


E|------------------------------------3-----------|
A|------------------2-----------------------------|
```

```
D|————————————0————————————|
G|—————————————————————————|
```

The Kid On the Mountain

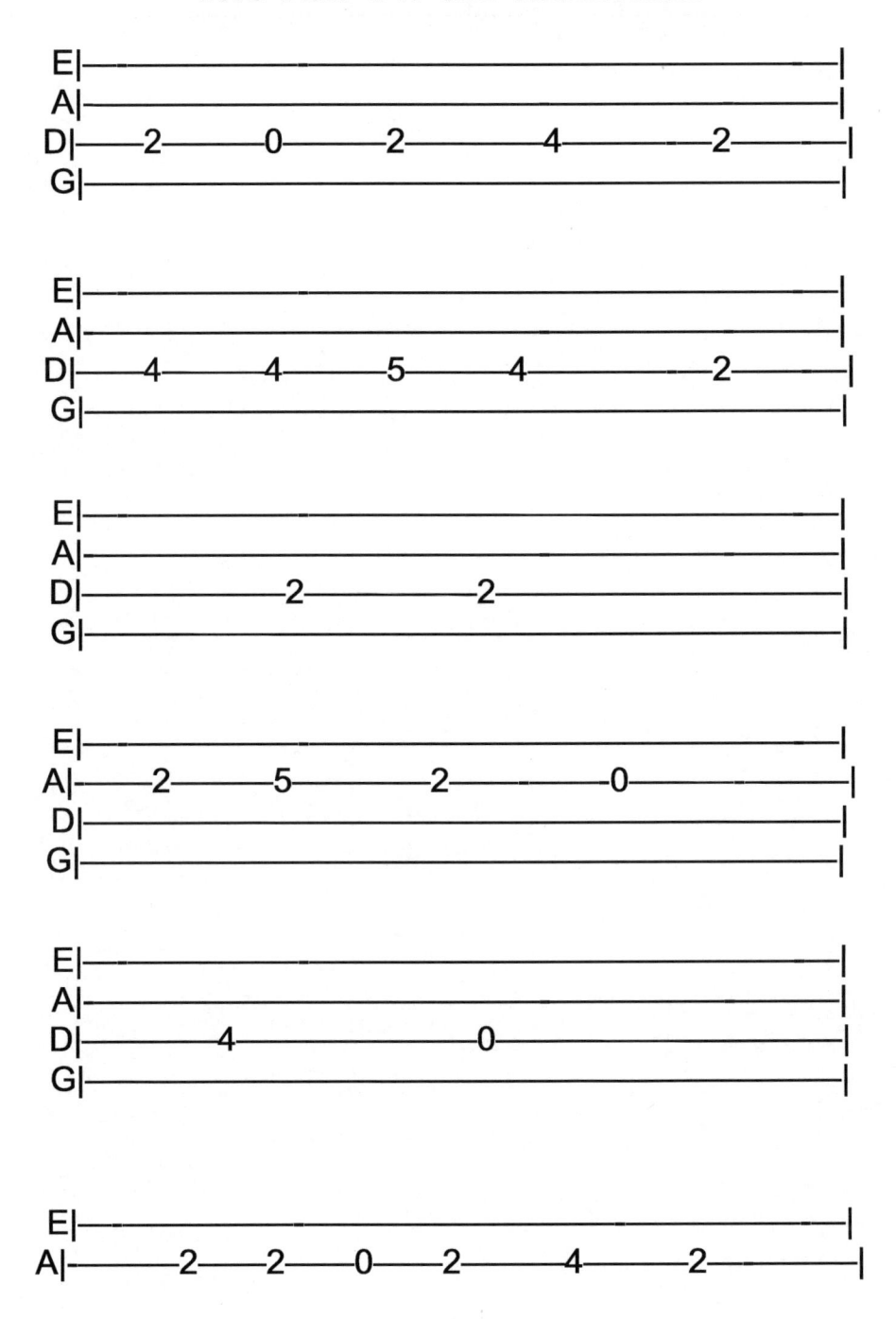

```
E|-------------------------------------------|
A|-------------------------------------------|
D|----2-----0-----2-----4-----2--------------|
G|-------------------------------------------|


E|-------------------------------------------|
A|-------------------------------------------|
D|----4-----4-----5-----4-----2--------------|
G|-------------------------------------------|


E|-------------------------------------------|
A|-------------------------------------------|
D|----------2-----------2--------------------|
G|-------------------------------------------|


E|-------------------------------------------|
A|----2-----5-----2-----0--------------------|
D|-------------------------------------------|
G|-------------------------------------------|


E|-------------------------------------------|
A|-------------------------------------------|
D|----4-----------0--------------------------|
G|-------------------------------------------|


E|-------------------------------------------|
A|------2-----2-----0-----2-----4-----2------|
```

```
D|-------------------------------------------------|
G|-------------------------------------------------|


E|-------------------------------------------------|
A|----------------------------------0--------------|
D|------4---------5--------------------------------|
G|-------------------------------------------------|


E|-------------------------------------------------|
A|-------2---------0-------------------------------|
D|-------------------------------------------------|
G|-------------------------------------------------|


E|-------------------------------------------------|
A|-------------------------------------0-----------|
D|--------5---------4------------------------------|
G|-------------------------------------------------|


E|-------------------------------------------------|
A|-------------------------------------------------|
D|---5----4----2----0------------------------------|
G|-------------------------------------------------|


E|-------------------------------------------------|
A|------2----------2---------0---------------------|
D|-----------5-------------------------------------|
G|-------------------------------------------------|
```

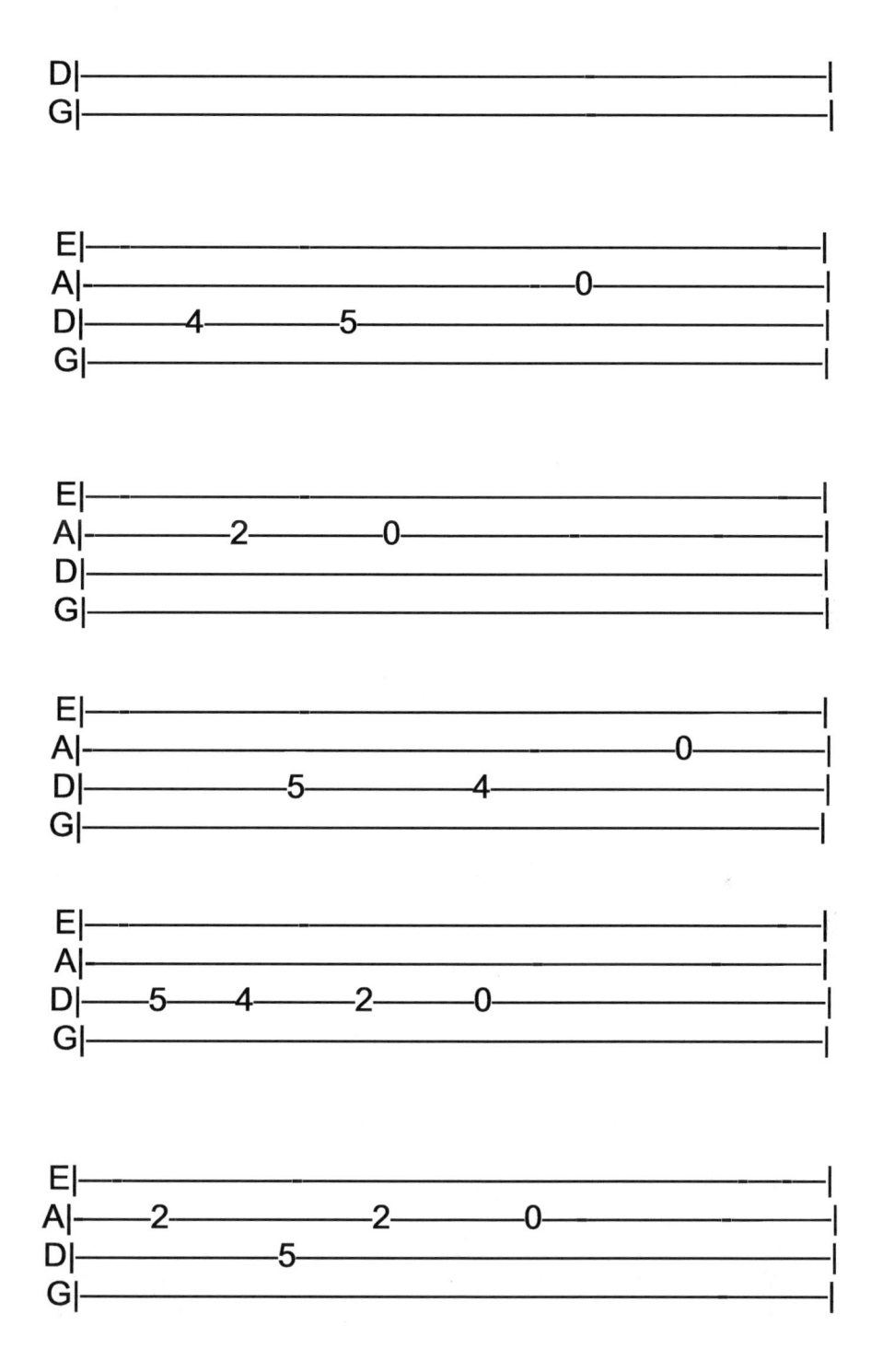

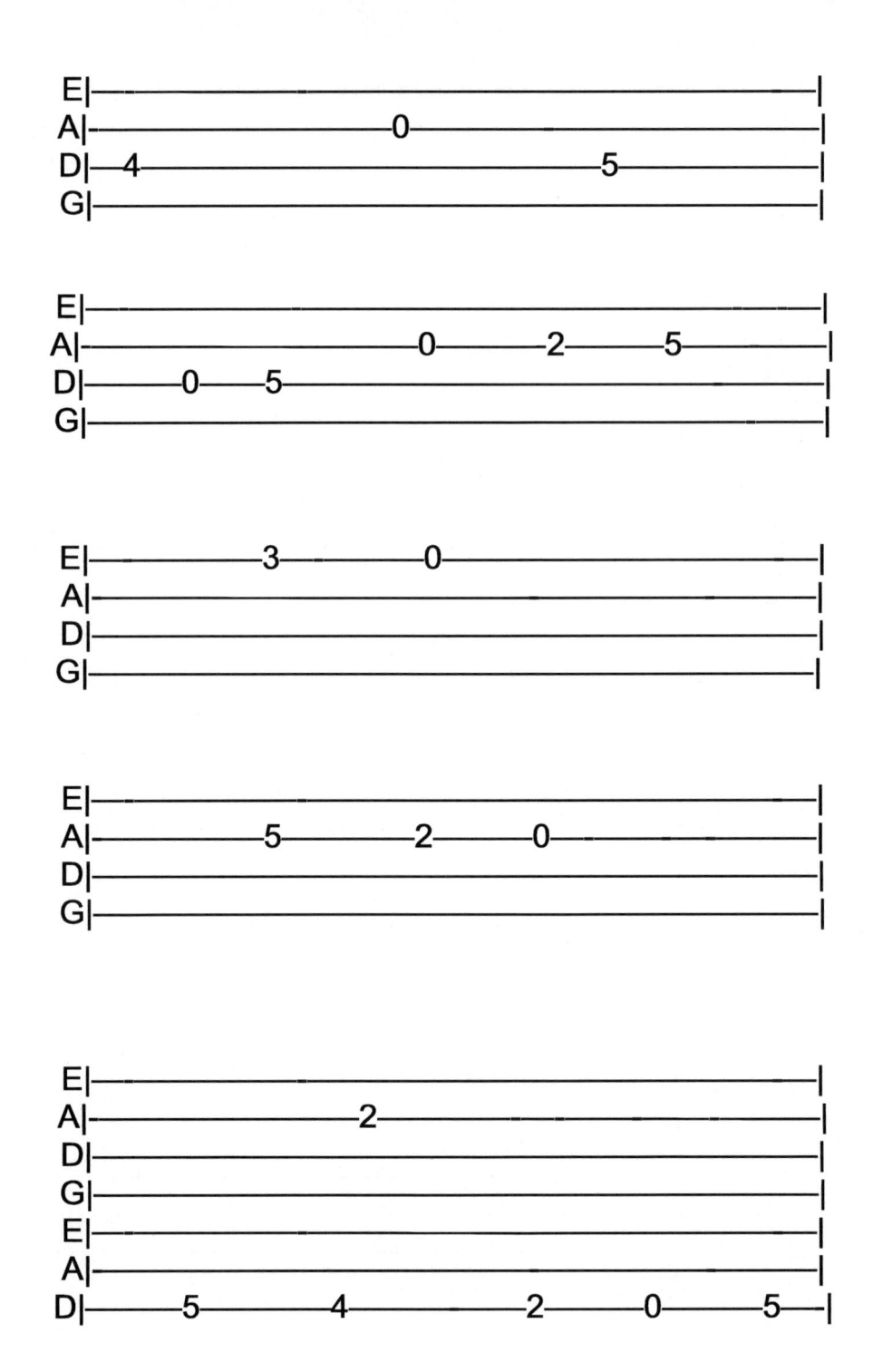

```
E|---------------------------------------|
A|------------------0--------------------|
D|--4----------------------------5-------|
G|---------------------------------------|


E|---------------------------------------|
A|---------------------0-----2-----5-----|
D|------0-----5--------------------------|
G|---------------------------------------|


E|--------3---------0--------------------|
A|---------------------------------------|
D|---------------------------------------|
G|---------------------------------------|


E|---------------------------------------|
A|--------5-----2-----0------------------|
D|---------------------------------------|
G|---------------------------------------|


E|---------------------------------------|
A|--------------2------------------------|
D|---------------------------------------|
G|---------------------------------------|
E|---------------------------------------|
A|---------------------------------------|
D|---5------4---------2-----0-----5------|
```

```
G|---------------------------------------------|


E|---------------------------------------------|
A|---------------------------------------------|
D|----2-------0-------2-------4-------2--------|
G|---------------------------------------------|


E|---------------------------------------------|
A|---------------------------------------------|
D|----4-------4-------5-------4-------2--------|
G|---------------------------------------------|


E|---------------------------------------------|
A|---------------------------------------------|
D|------------2-------2------------------------|
G|---------------------------------------------|

E|---------------------------------------------|
A|----2-------5-------2-------0----------------|
D|---------------------------------------------|
G|---------------------------------------------|


E|---------------------------------------------|
A|---------------------------------------------|
D|------4-------------0------------------------|
G|---------------------------------------------|
```

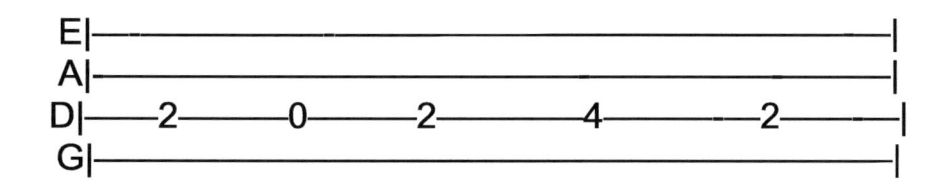

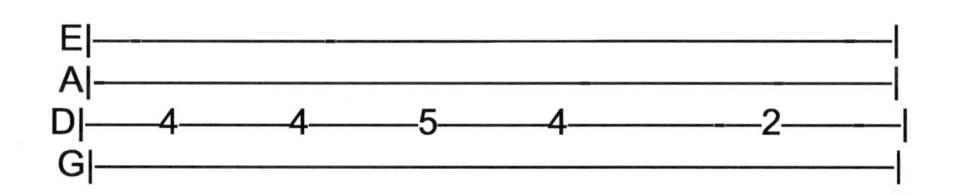

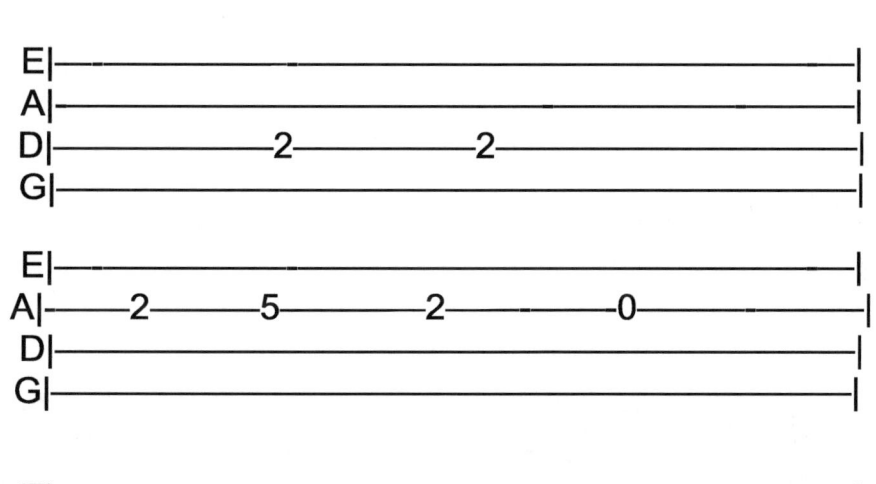

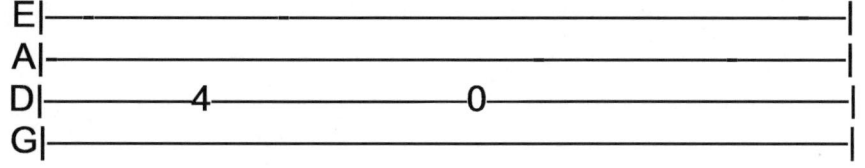

```
E|--------------------------------------------|
A|-----2-----2-----0-----2-----4-----2--------|
D|--------------------------------------------|
G|--------------------------------------------|


E|--------------------------------------------|
A|---------------------------------0----------|
D|-----4-----5--------------------------------|
G|--------------------------------------------|


E|--------------------------------------------|
A|-----2-----0--------------------------------|
D|--------------------------------------------|
G|--------------------------------------------|


E|--------------------------------------------|
A|---------------------------------0----------|
D|-----5-----4--------------------------------|
G|--------------------------------------------|


E|--------------------------------------------|
A|--------------------------------------------|
D|-----5-----4-----2-----0--------------------|
G|--------------------------------------------|


E|--------------------------------------------|
```

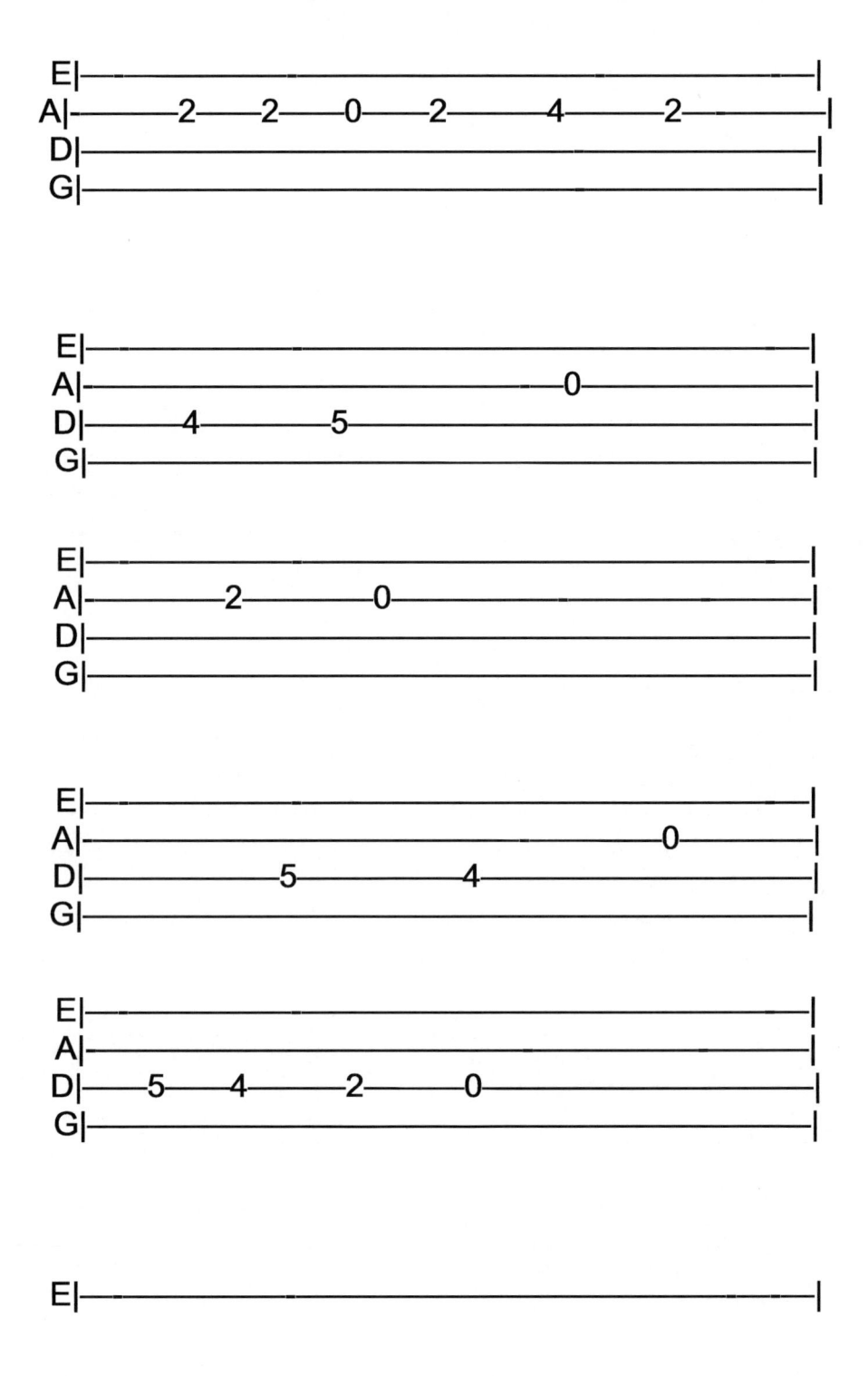

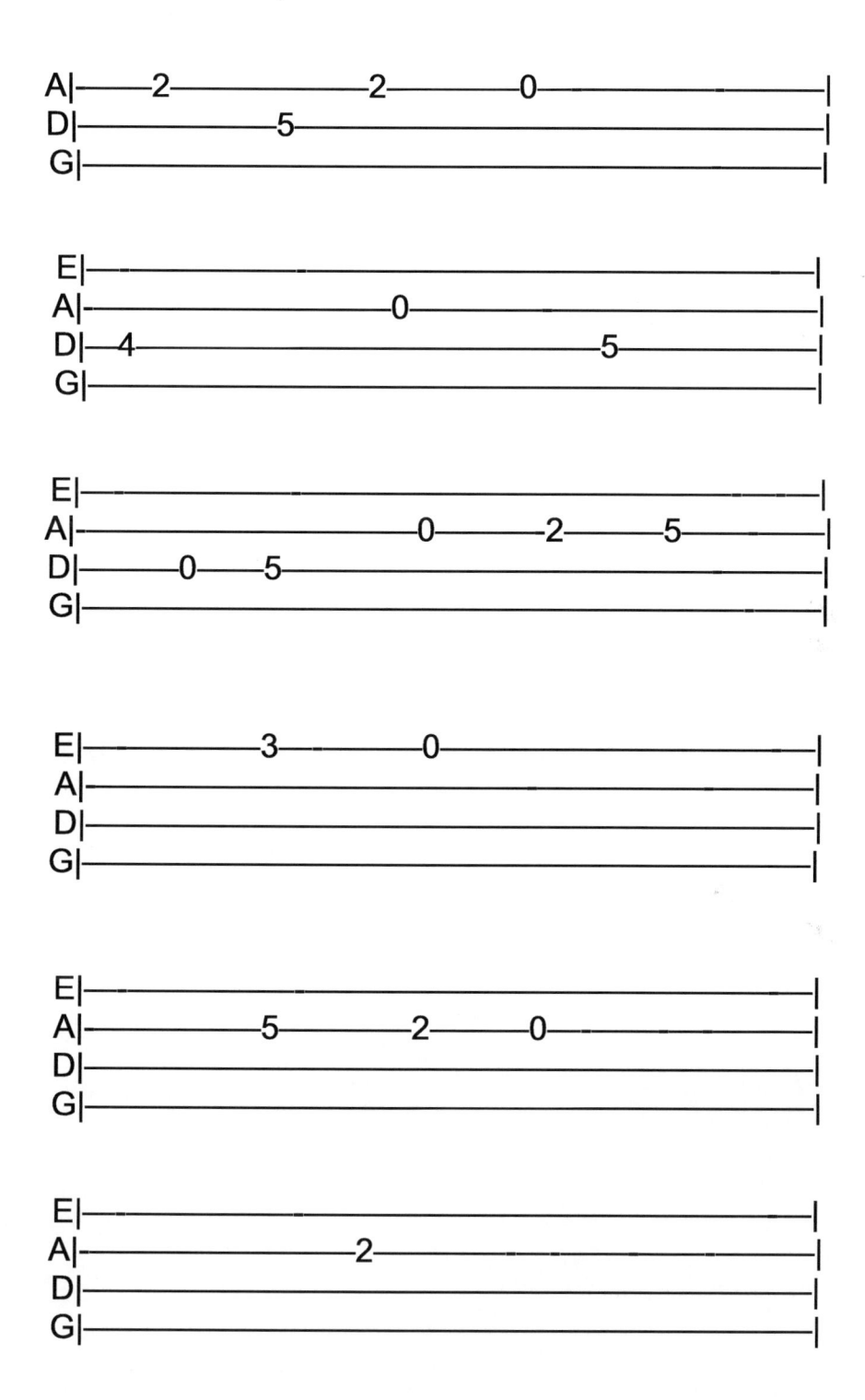

```
A|----2----------2---------0--------------|
D|----------5-----------------------------|
G|---------------------------------------|


E|---------------------------------------|
A|-------------------0--------------------|
D|---4-----------------------5-----------|
G|---------------------------------------|


E|---------------------------------------|
A|-------------------0------2------5------|
D|-------0-----5--------------------------|
G|---------------------------------------|


E|----------3----------0------------------|
A|---------------------------------------|
D|---------------------------------------|
G|---------------------------------------|


E|---------------------------------------|
A|----------5----------2------0-----------|
D|---------------------------------------|
G|---------------------------------------|


E|---------------------------------------|
A|-------------------2--------------------|
D|---------------------------------------|
G|---------------------------------------|
```

67

```
E|————————————————————————————————|
A|————————————————————————————————|
D|————5————4————2————0————5———|
G|————————————————————————————————|
```

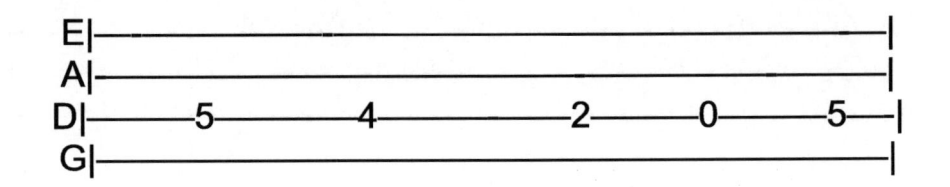

Fisher's Hornpipe

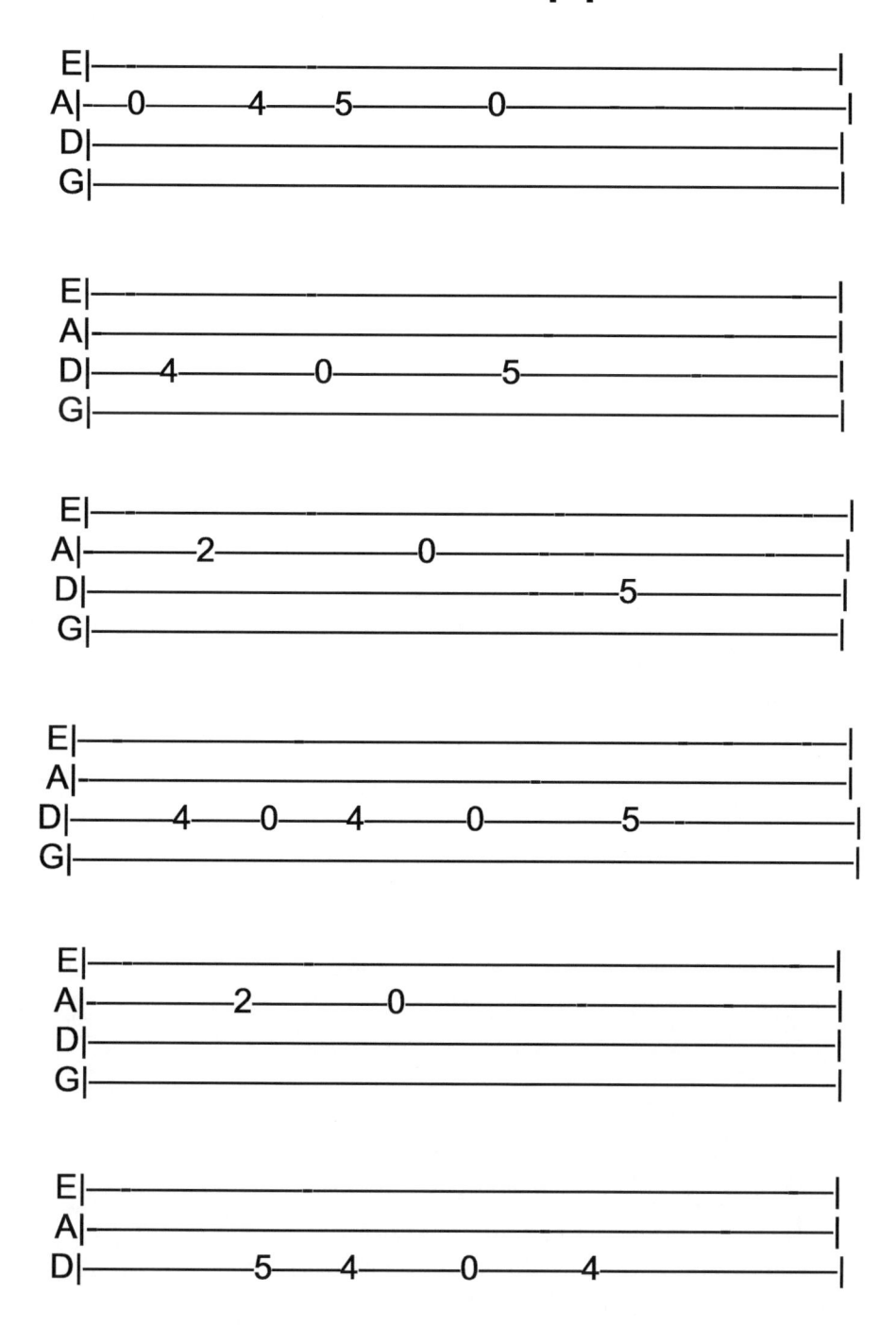

```
E|------------------------------------------|
A|---0-----4-----5---------0----------------|
D|------------------------------------------|
G|------------------------------------------|

E|------------------------------------------|
A|------------------------------------------|
D|-----4---------0---------5----------------|
G|------------------------------------------|

E|------------------------------------------|
A|-------2---------0------------------------|
D|-----------------------------5------------|
G|------------------------------------------|

E|------------------------------------------|
A|------------------------------------------|
D|-----4---0---4---0---------5--------------|
G|------------------------------------------|

E|------------------------------------------|
A|---------2---------0----------------------|
D|------------------------------------------|
G|------------------------------------------|

E|------------------------------------------|
A|------------------------------------------|
D|-----------5---4---0-------4--------------|
```

```
G|----------------------------------------|

E|----------------------------------------|
A|--------------------2---------0---------|
D|------0------5--------------------------|
G|----------------------------------------|

E|----------------------------------------|
A|----------------------------------------|
D|------5------4------0-----4------5------|
G|----------------------------------------|

E|----------------------------------------|
A|------------------0-------4-------------|
D|------2---------------------------------|
G|----------------------------------------|

E|----------------------------------------|
A|--------------------5-------------------|
D|----------------------------------------|
G|----------------------------------------|

E|----------------------------------------|
A|----0------4------5---------0-----------|
D|----------------------------------------|
G|----------------------------------------|
```

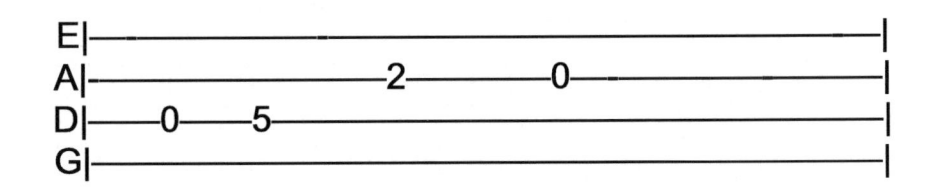

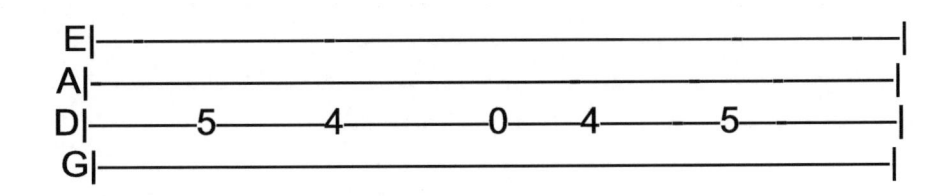

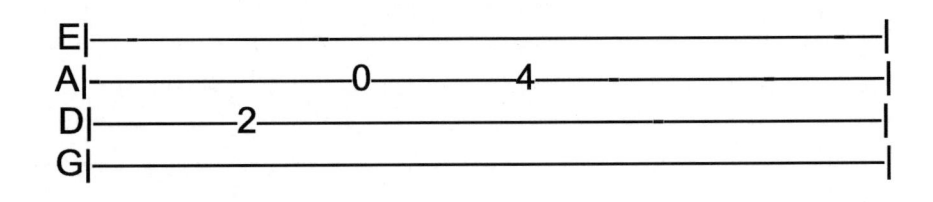

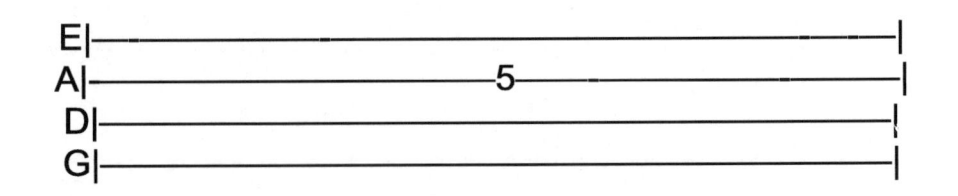

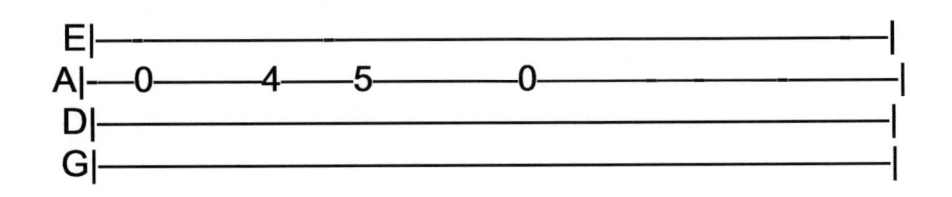

```
E|------------------------------------------------|
A|------------------------------------------------|
D|-----4---------0---------5----------------------|
G|------------------------------------------------|
```

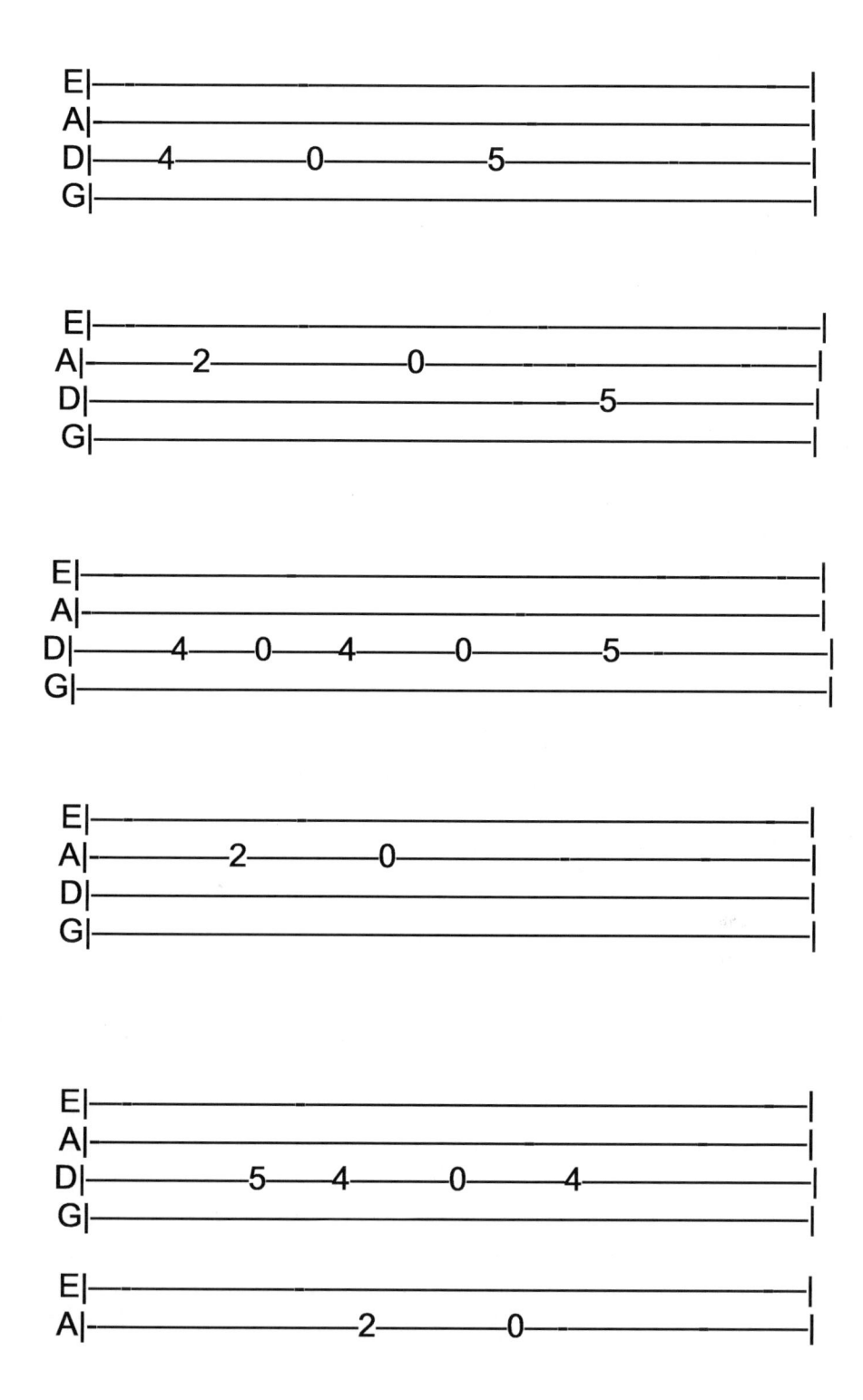

```
E|------------------------------------------------|
A|-----2---------0--------------------------------|
D|------------------------5-----------------------|
G|------------------------------------------------|
```

```
E|------------------------------------------------|
A|------------------------------------------------|
D|-----4---0---4---0---5--------------------------|
G|------------------------------------------------|
```

```
E|------------------------------------------------|
A|-----2---------0--------------------------------|
D|------------------------------------------------|
G|------------------------------------------------|
```

```
E|------------------------------------------------|
A|------------------------------------------------|
D|--------5---4---0---4---------------------------|
G|------------------------------------------------|
```

```
E|------------------------------------------------|
A|-----------------2---0--------------------------|
```

```
D|----0----5-------------------------------|
G|-----------------------------------------|


E|-----------------------------------------|
A|-----------------------------------------|
D|----5----4---------0----4----5-----------|
G|-----------------------------------------|


E|-----------------------------------------|
A|--------------0---------4----------------|
D|----2------------------------------------|
G|-----------------------------------------|


E|-----------------------------------------|
A|-------------------5---------------------|
D|-----------------------------------------|
G|-----------------------------------------|
```

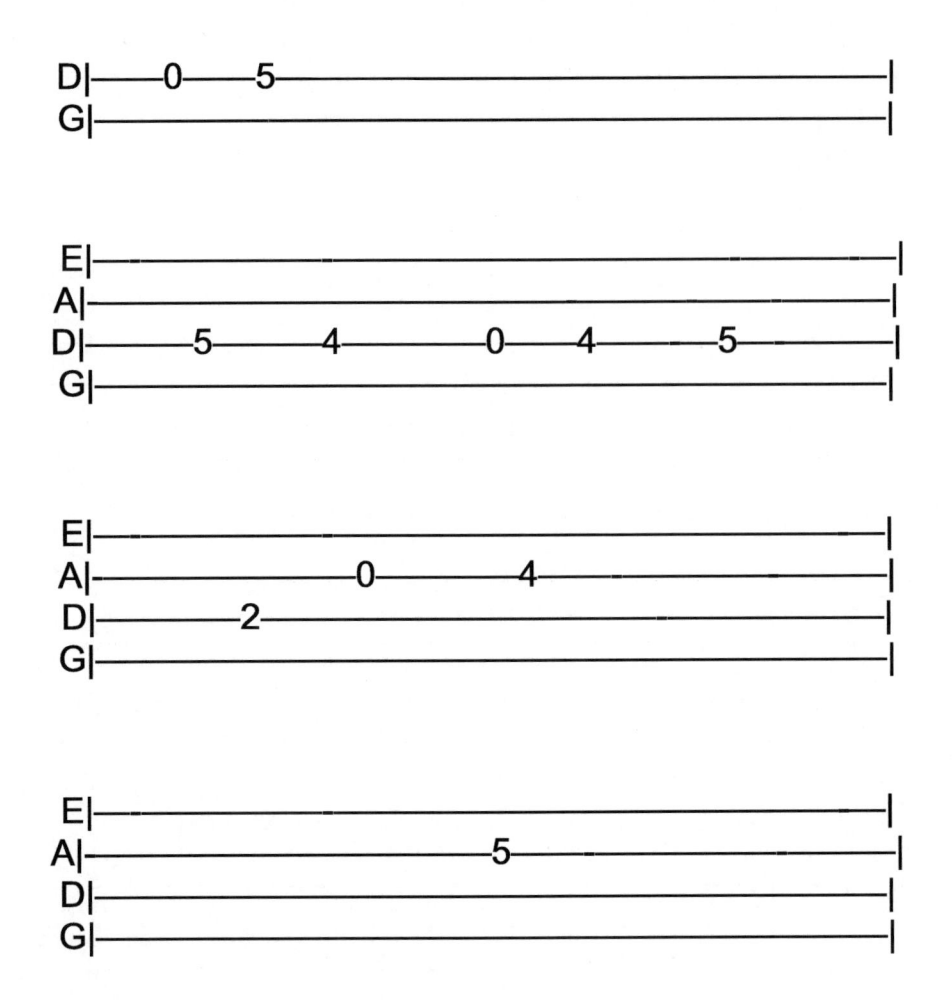

Mrs. Galvin's Reel

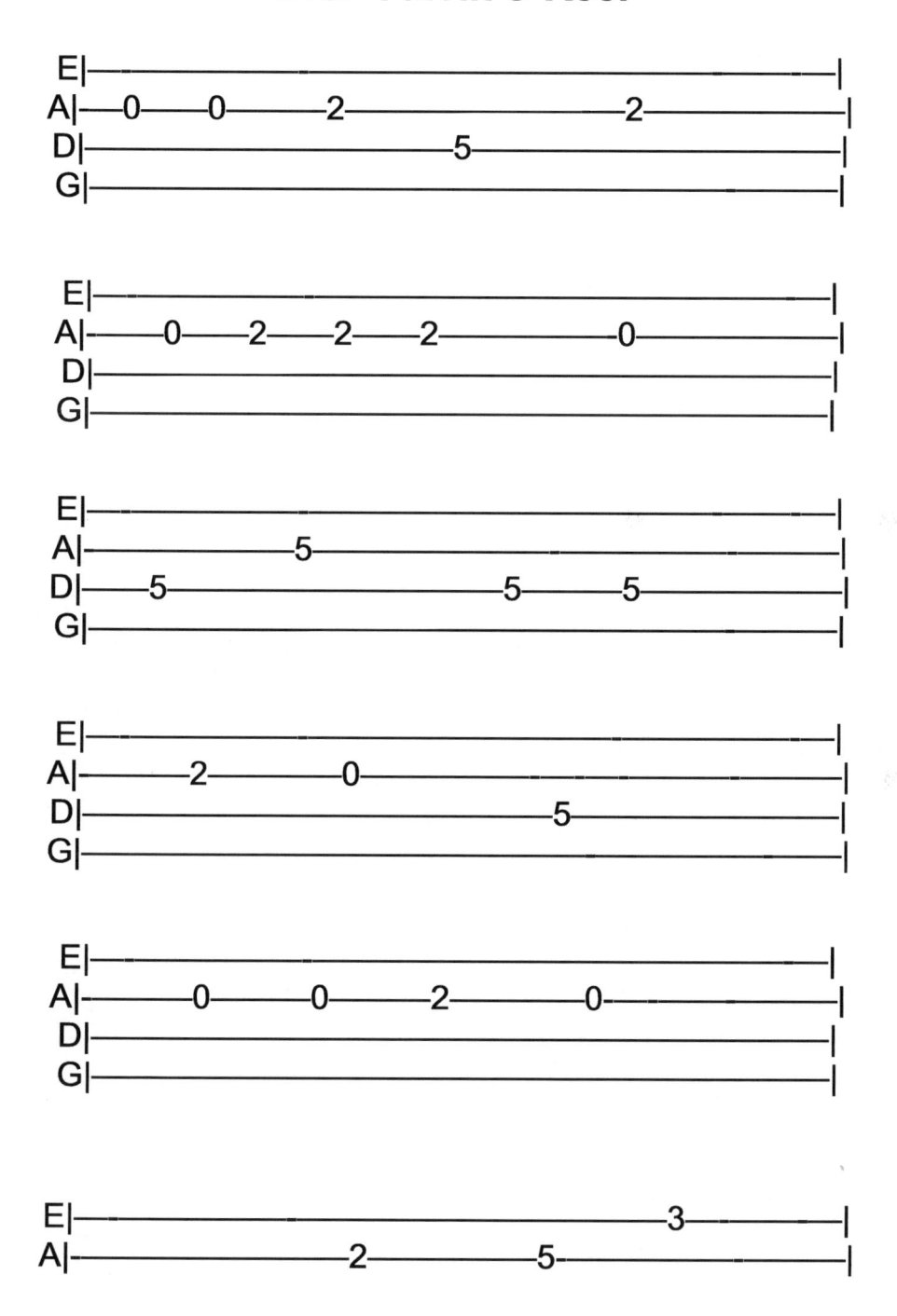

```
E|------------------------------------------------|
A|---0----0-------2---------------2---------------|
D|------------------------5-----------------------|
G|------------------------------------------------|


E|------------------------------------------------|
A|------0-----2-----2-----2-----------0-----------|
D|------------------------------------------------|
G|------------------------------------------------|


E|------------------------------------------------|
A|----------------5-------------------------------|
D|----5-----------------------5-----5-------------|
G|------------------------------------------------|


E|------------------------------------------------|
A|------2---------0-------------------------------|
D|----------------------------5-------------------|
G|------------------------------------------------|


E|------------------------------------------------|
A|-------0-------0-------2--------0---------------|
D|------------------------------------------------|
G|------------------------------------------------|


E|--------------------------------------3---------|
A|--------------------2-----------5---------------|
```

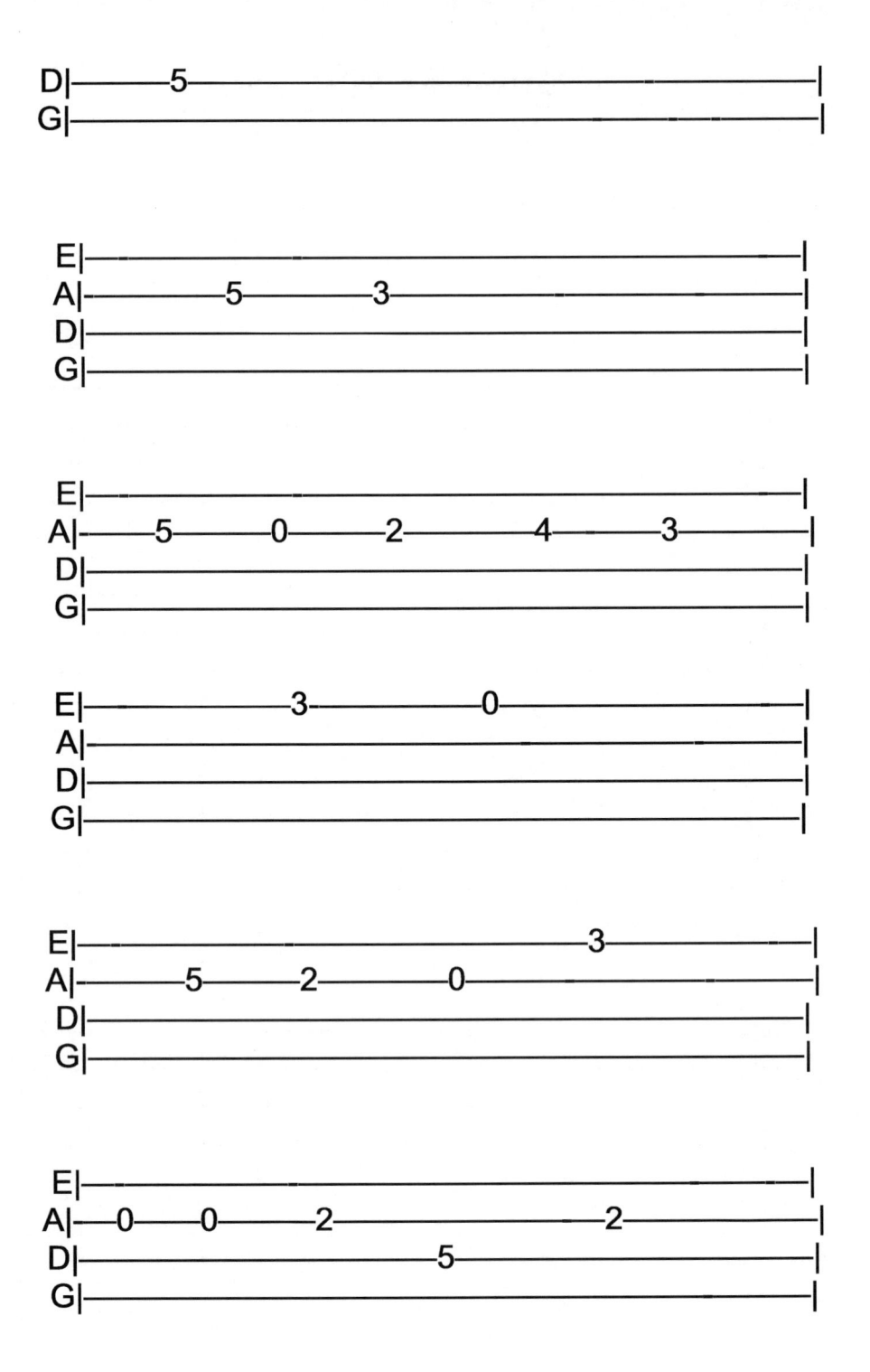

```
D|-----5-----------------------------------|
G|-----------------------------------------|


E|-----------------------------------------|
A|-----5---------3-------------------------|
D|-----------------------------------------|
G|-----------------------------------------|


E|-----------------------------------------|
A|---5-----0-----2-----4-----3-------------|
D|-----------------------------------------|
G|-----------------------------------------|


E|---------3---------0---------------------|
A|-----------------------------------------|
D|-----------------------------------------|
G|-----------------------------------------|


E|-----------------------------3-----------|
A|-----5-----2-----0-----------------------|
D|-----------------------------------------|
G|-----------------------------------------|


E|-----------------------------------------|
A|---0-----0-----2-------------2-----------|
D|-----------------5-----------------------|
G|-----------------------------------------|
```

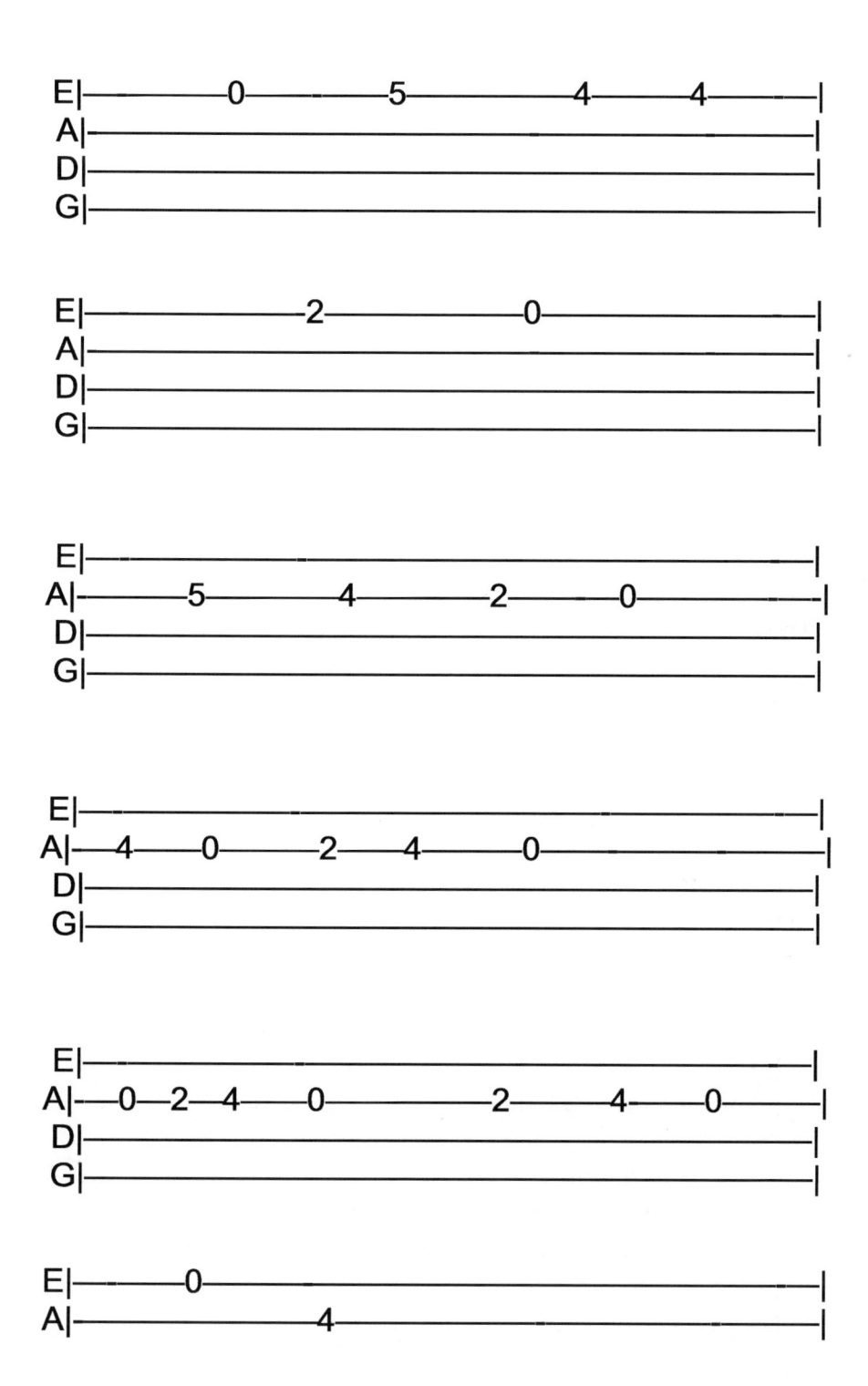

```
E|--------0--------5--------4----4------|
A|--------------------------------------|
D|--------------------------------------|
G|--------------------------------------|

E|--------------2--------0--------------|
A|--------------------------------------|
D|--------------------------------------|
G|--------------------------------------|

E|--------------------------------------|
A|------5------4------2------0----------|
D|--------------------------------------|
G|--------------------------------------|

E|--------------------------------------|
A|---4----0----2----4----0--------------|
D|--------------------------------------|
G|--------------------------------------|

E|--------------------------------------|
A|---0--2--4----0--------2----4----0----|
D|--------------------------------------|
G|--------------------------------------|

E|--------0-----------------------------|
A|--------------4-----------------------|
```

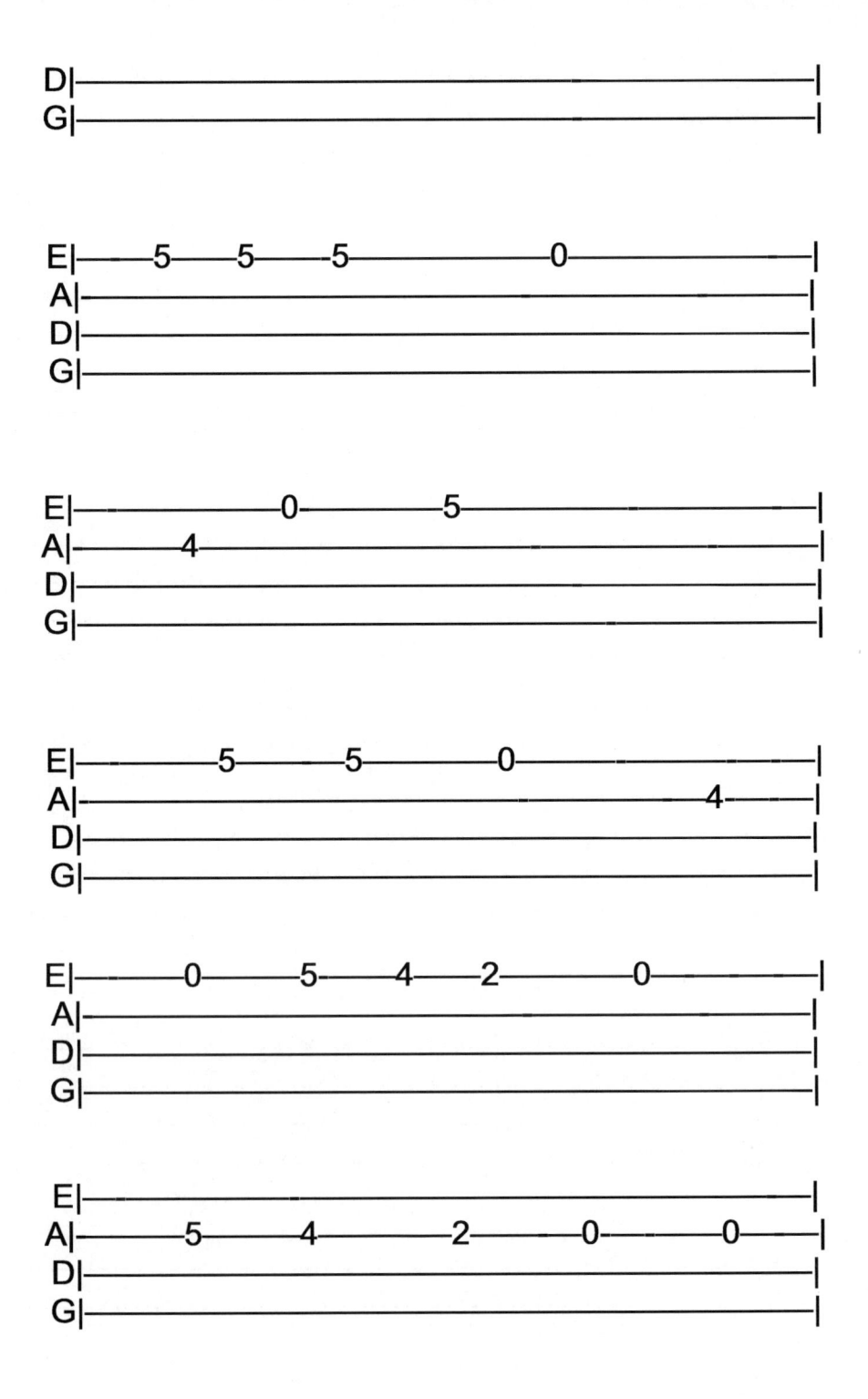

```
D|---------------------------------------|
G|---------------------------------------|


E|-----5-----5-----5-----------0---------|
A|---------------------------------------|
D|---------------------------------------|
G|---------------------------------------|


E|-----------0-----------5---------------|
A|-----4---------------------------------|
D|---------------------------------------|
G|---------------------------------------|


E|-----5-----5-----------0---------------|
A|-----------------------------------4---|
D|---------------------------------------|
G|---------------------------------------|


E|-----0-----5-----4-----2-----0---------|
A|---------------------------------------|
D|---------------------------------------|
G|---------------------------------------|


E|---------------------------------------|
A|-----5-----4-----2-----0-----0---------|
D|---------------------------------------|
G|---------------------------------------|
```

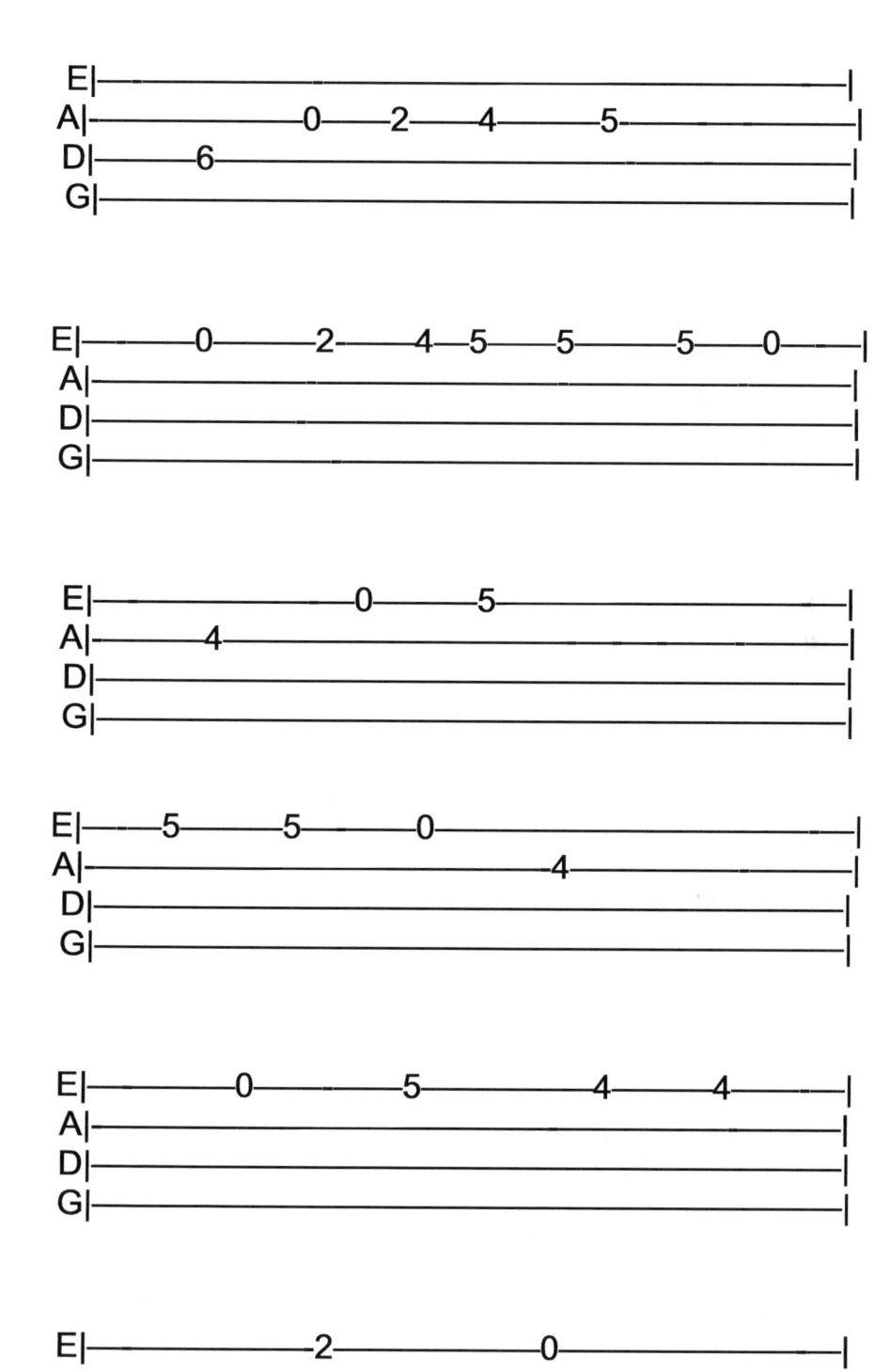

```
E|------------------------------------------------|
A|------------0-----2-----4------5----------------|
D|------6-----------------------------------------|
G|------------------------------------------------|


E|------0-----2-----4---5-----5------5------0-----|
A|------------------------------------------------|
D|------------------------------------------------|
G|------------------------------------------------|


E|------------------0-------5---------------------|
A|------4-----------------------------------------|
D|------------------------------------------------|
G|------------------------------------------------|


E|------5-----5------0----------------------------|
A|-------------------------------4----------------|
D|------------------------------------------------|
G|------------------------------------------------|


E|------------0------5-----------4------4---------|
A|------------------------------------------------|
D|------------------------------------------------|
G|------------------------------------------------|


E|-----------------2---------------0--------------|
```

```
A|-----------------------------------|
D|-----------------------------------|
G|-----------------------------------|


E|-----------------------------------|
A|-----5--------4--------2--------0--|
D|-----------------------------------|
G|-----------------------------------|


E|-----------------------------------|
A|---4----0----2----4----0-----------|
D|-----------------------------------|
G|-----------------------------------|


E|-----------------------------------|
A|---0--2--4----0--------2----4----0-|
D|-----------------------------------|
G|-----------------------------------|
```

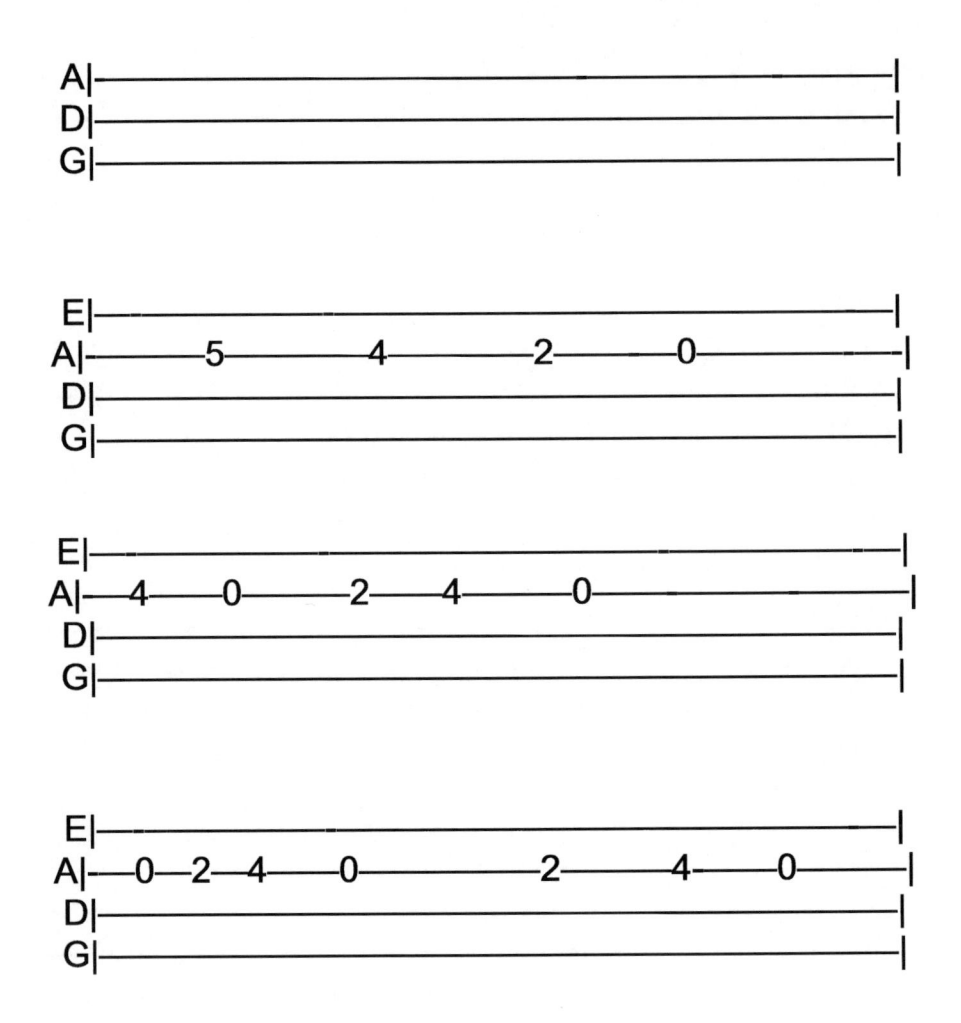

St. Anne's Reel

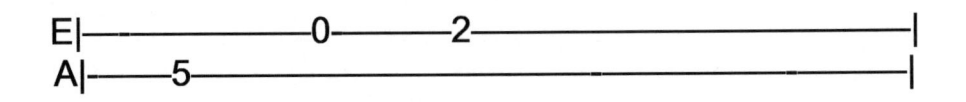

```
E|----------0-----2------------------|
A|-----5-----------------------------|
```

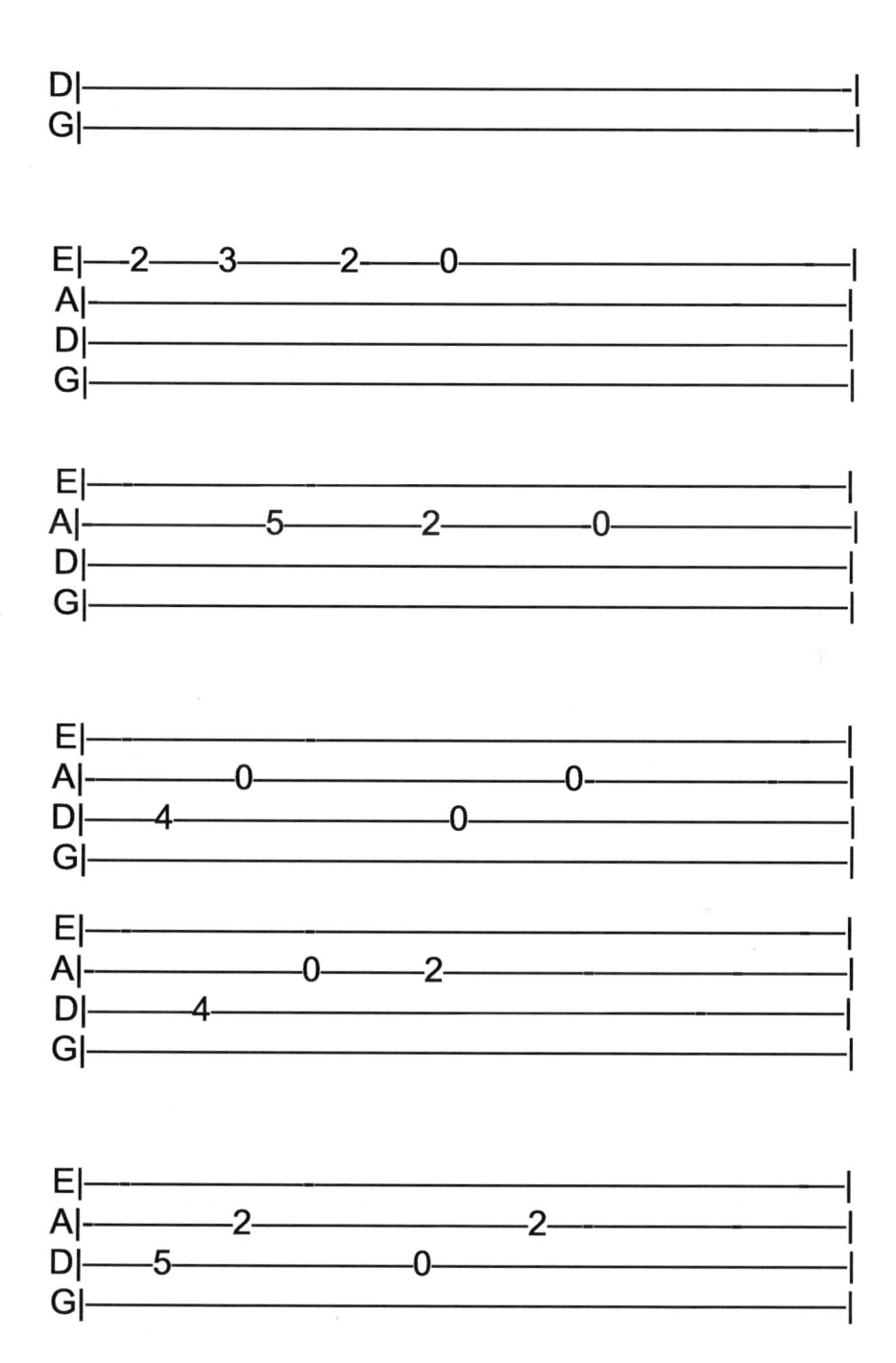

```
D|--------------------------------------|
G|--------------------------------------|


E|---2----3------2------0---------------|
A|--------------------------------------|
D|--------------------------------------|
G|--------------------------------------|


E|--------------------------------------|
A|---------5---------2---------0--------|
D|--------------------------------------|
G|--------------------------------------|


E|--------------------------------------|
A|---------0-------------------0--------|
D|----4----------------0----------------|
G|--------------------------------------|


E|--------------------------------------|
A|---------0----2-----------------------|
D|----4---------------------------------|
G|--------------------------------------|


E|--------------------------------------|
A|---------2---------2------------------|
D|----5---------0-----------------------|
G|--------------------------------------|
```

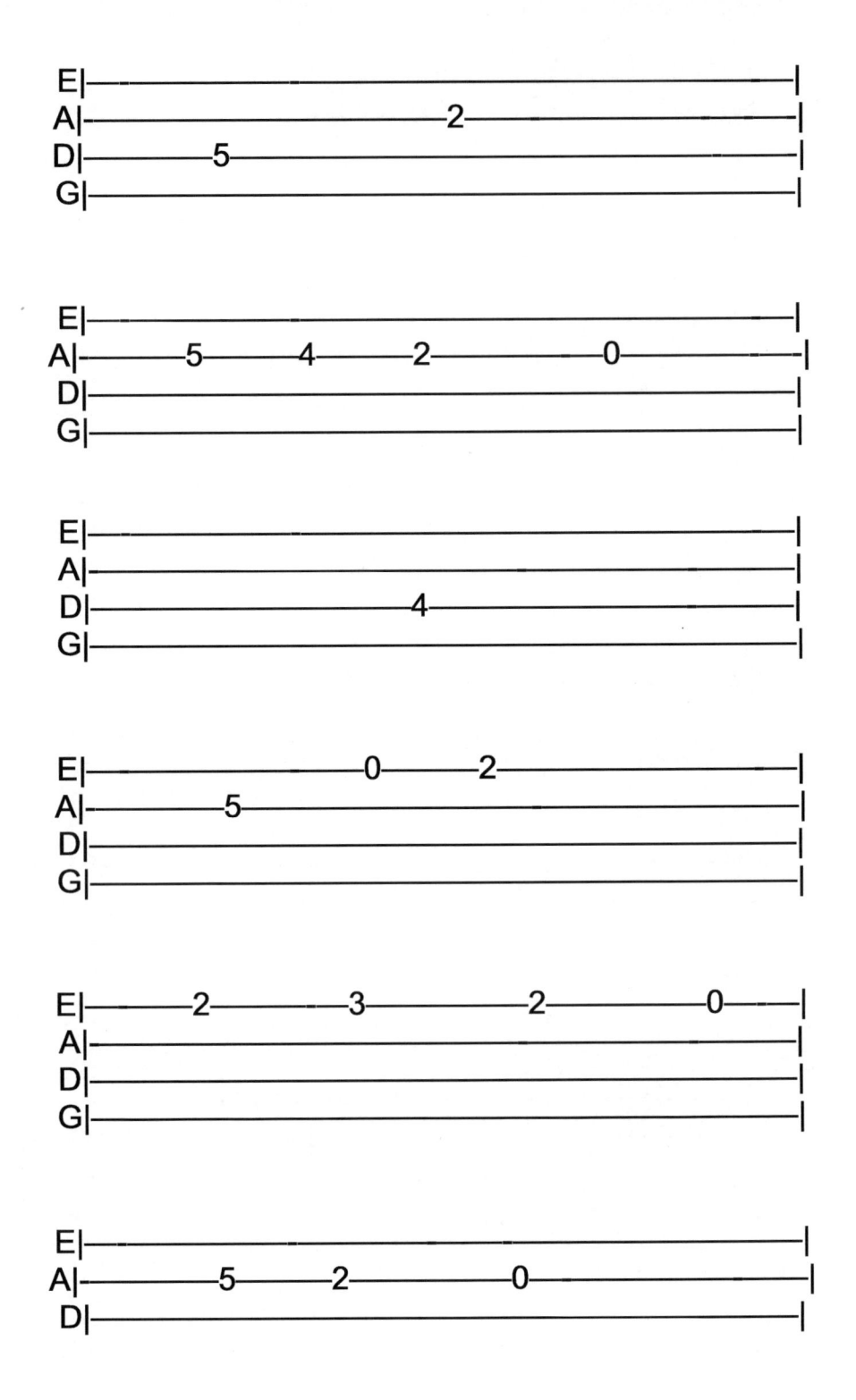

```
E|-----------------------------------|
A|-------------------2---------------|
D|------5----------------------------|
G|-----------------------------------|


E|-----------------------------------|
A|------5-----4------2-------0-------|
D|-----------------------------------|
G|-----------------------------------|


E|-----------------------------------|
A|-----------------------------------|
D|-------------------4---------------|
G|-----------------------------------|


E|------------------0------2---------|
A|------5----------------------------|
D|-----------------------------------|
G|-----------------------------------|


E|------2------3------2------0-------|
A|-----------------------------------|
D|-----------------------------------|
G|-----------------------------------|


E|-----------------------------------|
A|------5------2------0--------------|
D|-----------------------------------|
```

```
G|------------------------------------------------|


E|------------------------------------------------|
A|---------------0-------------------0------------|
D|-------4---------------0------------------------|
G|------------------------------------------------|


E|------------------------------------------------|
A|-----------------------------0------------------|
D|-------4----------------------------------------|
G|------------------------------------------------|


E|------------------------------------------------|
A|-------2-------------------------2--------------|
D|------------------5-----------------------------|
G|------------------------------------------------|


E|------------------------------------------------|
A|-------5-------4------------0-------------------|
D|------------------------------------------------|
G|------------------------------------------------|

E|-----------------0------------------------------|
A|-------4-------------------5--------------------|
D|------------------------------------------------|
G|------------------------------------------------|
```

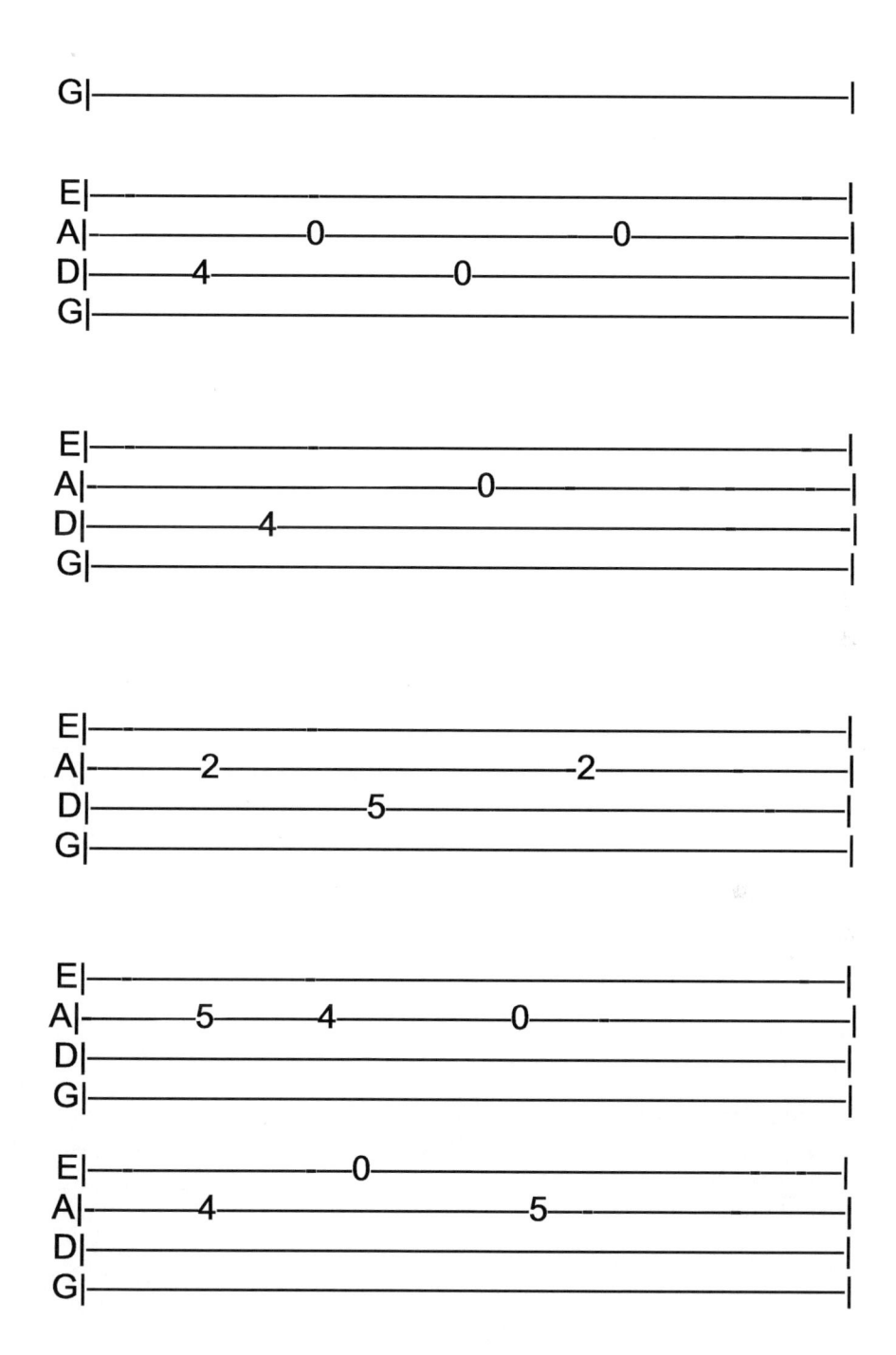

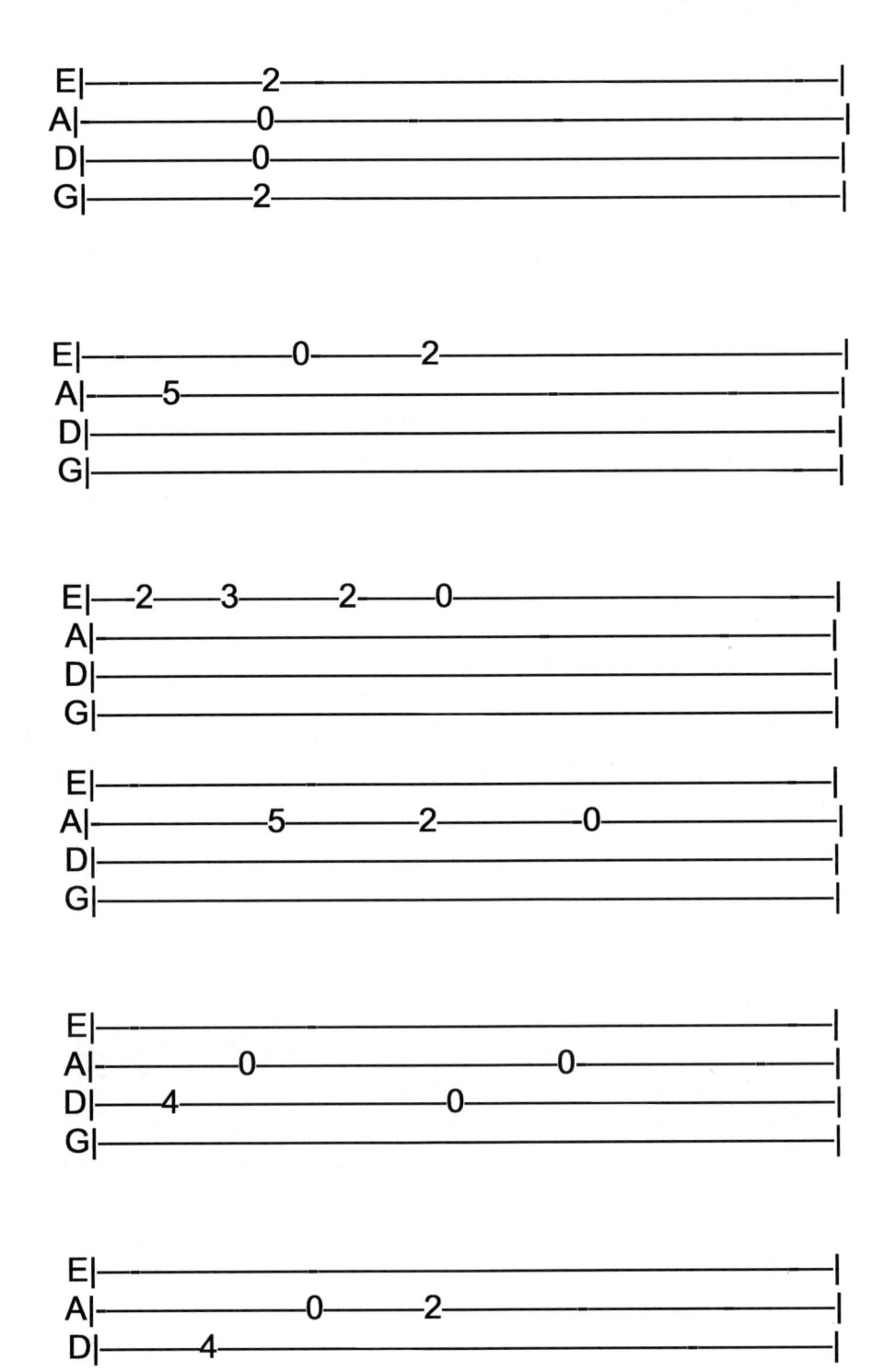

```
E|————————2————————————————————|
A|————————0————————————————————|
D|————————0————————————————————|
G|————————2————————————————————|


E|————————————0————2———————————|
A|————5————————————————————————|
D|—————————————————————————————|
G|—————————————————————————————|


E|——2———3————2————0————————————|
A|—————————————————————————————|
D|—————————————————————————————|
G|—————————————————————————————|

E|—————————————————————————————|
A|————————5————2————————0——————|
D|—————————————————————————————|
G|—————————————————————————————|


E|—————————————————————————————|
A|————————0————————————0———————|
D|————4————————————0———————————|
G|—————————————————————————————|


E|—————————————————————————————|
A|————————————0————2———————————|
D|————4————————————————————————|
```

```
G|--------------------------------------------|


E|--------------------------------------------|
A|---------2-----------------2----------------|
D|----5-----------0---------------------------|
G|--------------------------------------------|


E|--------------------------------------------|
A|-----------------------2--------------------|
D|----5---------------------------------------|
G|--------------------------------------------|


E|--------------------------------------------|
A|------5------4------2-------0---------------|
D|--------------------------------------------|
G|--------------------------------------------|


E|--------------------------------------------|
A|--------------------------------------------|
D|-------------------4------------------------|
G|--------------------------------------------|


E|-------------------0------2-----------------|
A|------5-------------------------------------|
D|--------------------------------------------|
G|--------------------------------------------|
```

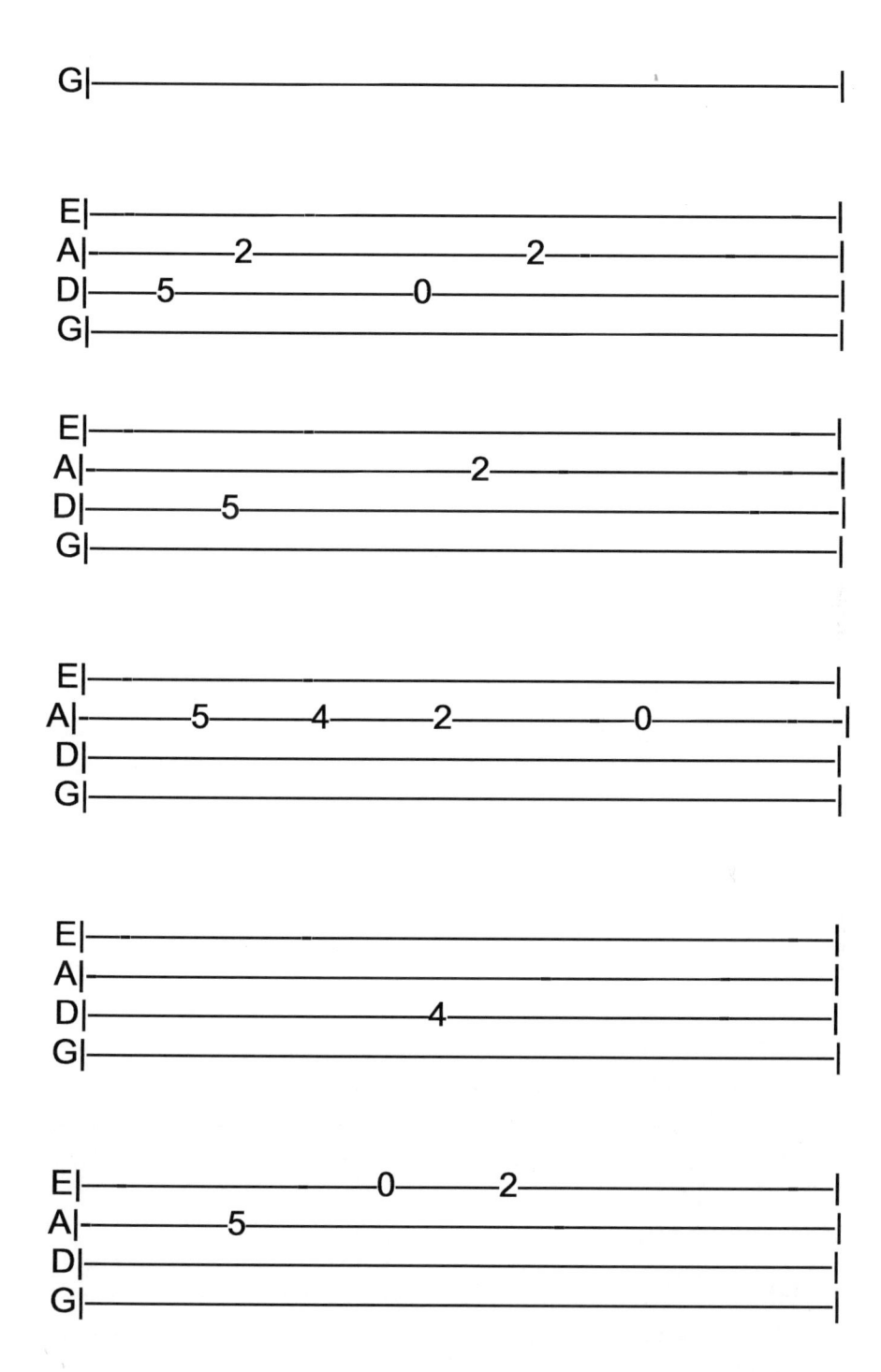

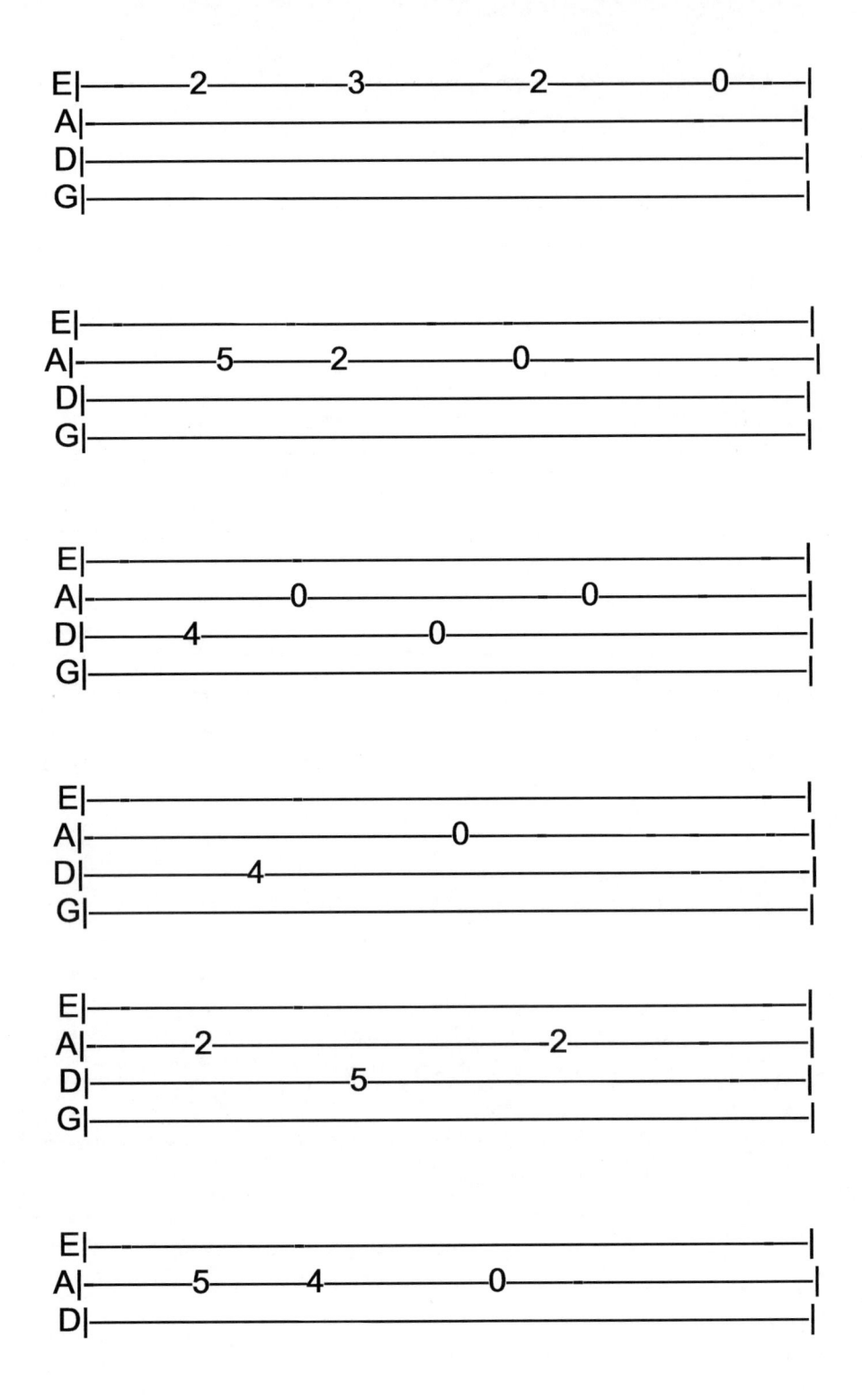

```
E|-------2-------3-------2-------0------|
A|--------------------------------------|
D|--------------------------------------|
G|--------------------------------------|


E|--------------------------------------|
A|-------5-------2-------0--------------|
D|--------------------------------------|
G|--------------------------------------|


E|--------------------------------------|
A|---------------0---------------0------|
D|-------4---------------0--------------|
G|--------------------------------------|


E|--------------------------------------|
A|-----------------------0--------------|
D|-------4------------------------------|
G|--------------------------------------|


E|--------------------------------------|
A|-------2---------------------2--------|
D|---------------5----------------------|
G|--------------------------------------|


E|--------------------------------------|
A|-------5-------4-------0--------------|
D|--------------------------------------|
```

94

```
G|------------------------------------------------|


E|----------------0-------------------------------|
A|-----4-------------------5----------------------|
D|------------------------------------------------|
G|------------------------------------------------|


E|----------2-------------------------------------|
A|----------0-------------------------------------|
D|----------0-------------------------------------|
G|----------2-------------------------------------|
```

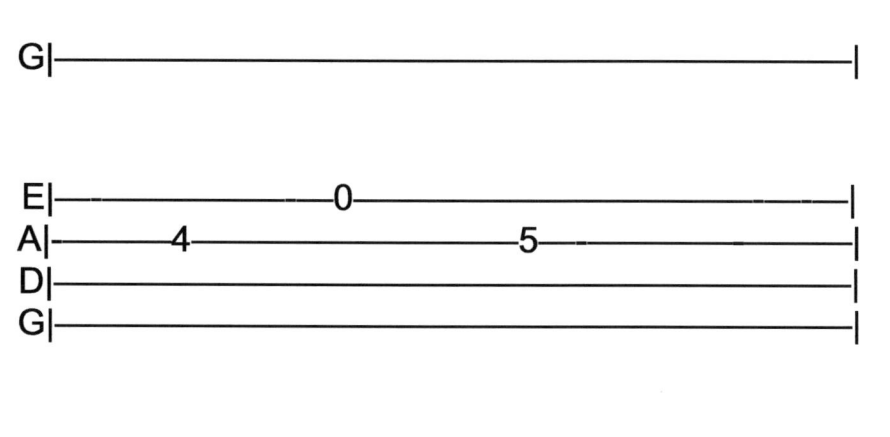

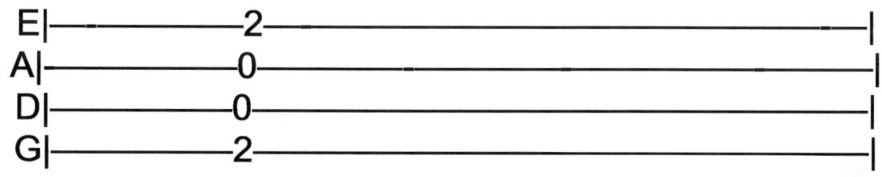

Barley For The House

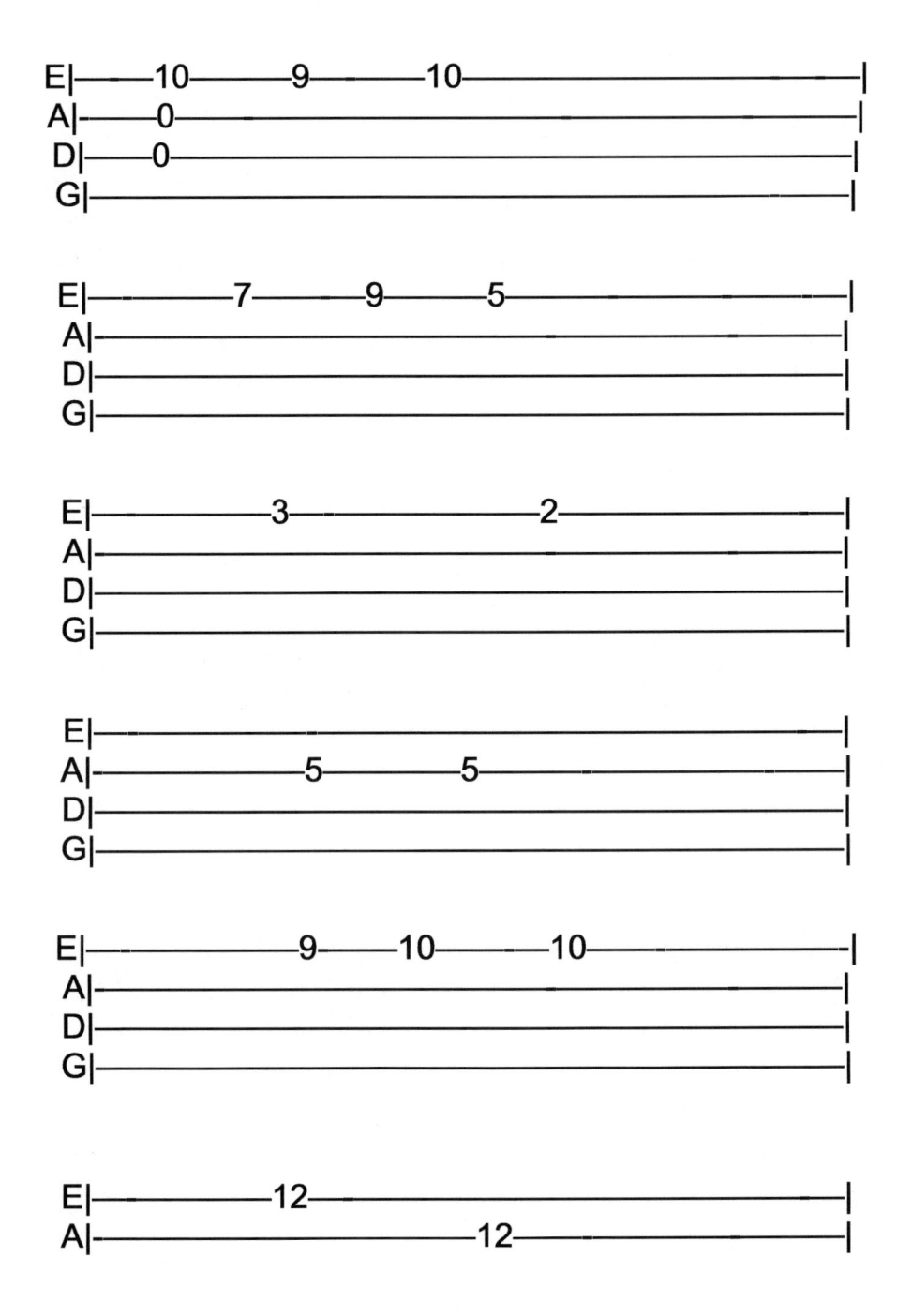

```
E|------10------9------10---------------|
A|------0-------------------------------|
D|------0-------------------------------|
G|--------------------------------------|

E|--------7------9------5---------------|
A|--------------------------------------|
D|--------------------------------------|
G|--------------------------------------|

E|--------3--------------2--------------|
A|--------------------------------------|
D|--------------------------------------|
G|--------------------------------------|

E|--------------------------------------|
A|--------5------5----------------------|
D|--------------------------------------|
G|--------------------------------------|

E|----------9-----10-----10-------------|
A|--------------------------------------|
D|--------------------------------------|
G|--------------------------------------|

E|--------12----------------------------|
A|-----------------12-------------------|
```

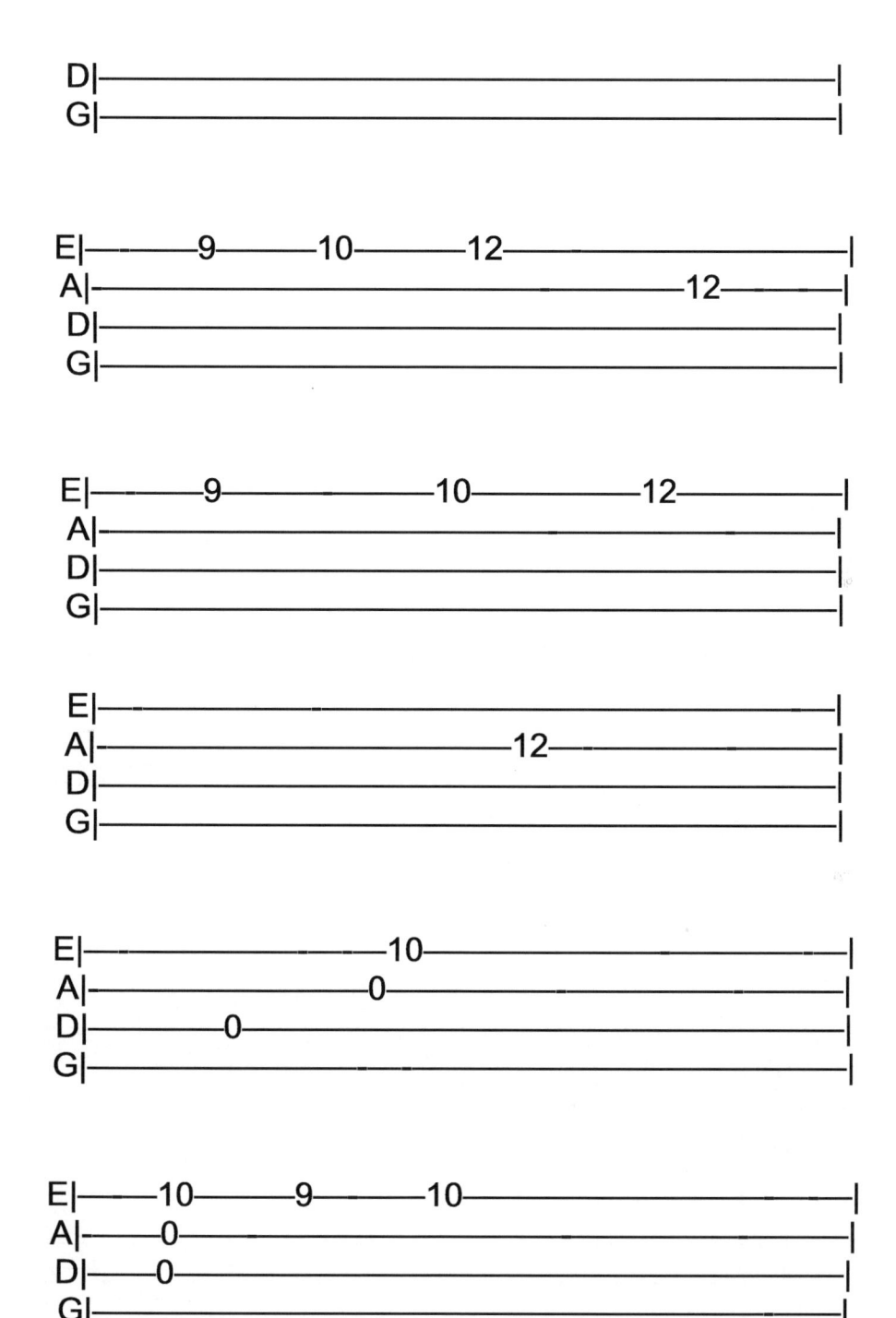

```
D|                                        |
G|                                        |


E|-----9-----10-----12-----------------|
A|-----------------------------12------|
D|-------------------------------------|
G|-------------------------------------|


E|-----9----------10----------12-------|
A|-------------------------------------|
D|-------------------------------------|
G|-------------------------------------|


E|-------------------------------------|
A|-----------------------12------------|
D|-------------------------------------|
G|-------------------------------------|


E|--------------------10---------------|
A|----------------0--------------------|
D|--------0----------------------------|
G|-------------------------------------|


E|-----10-----9-----10-----------------|
A|-----0-------------------------------|
D|-----0-------------------------------|
G|-------------------------------------|
```

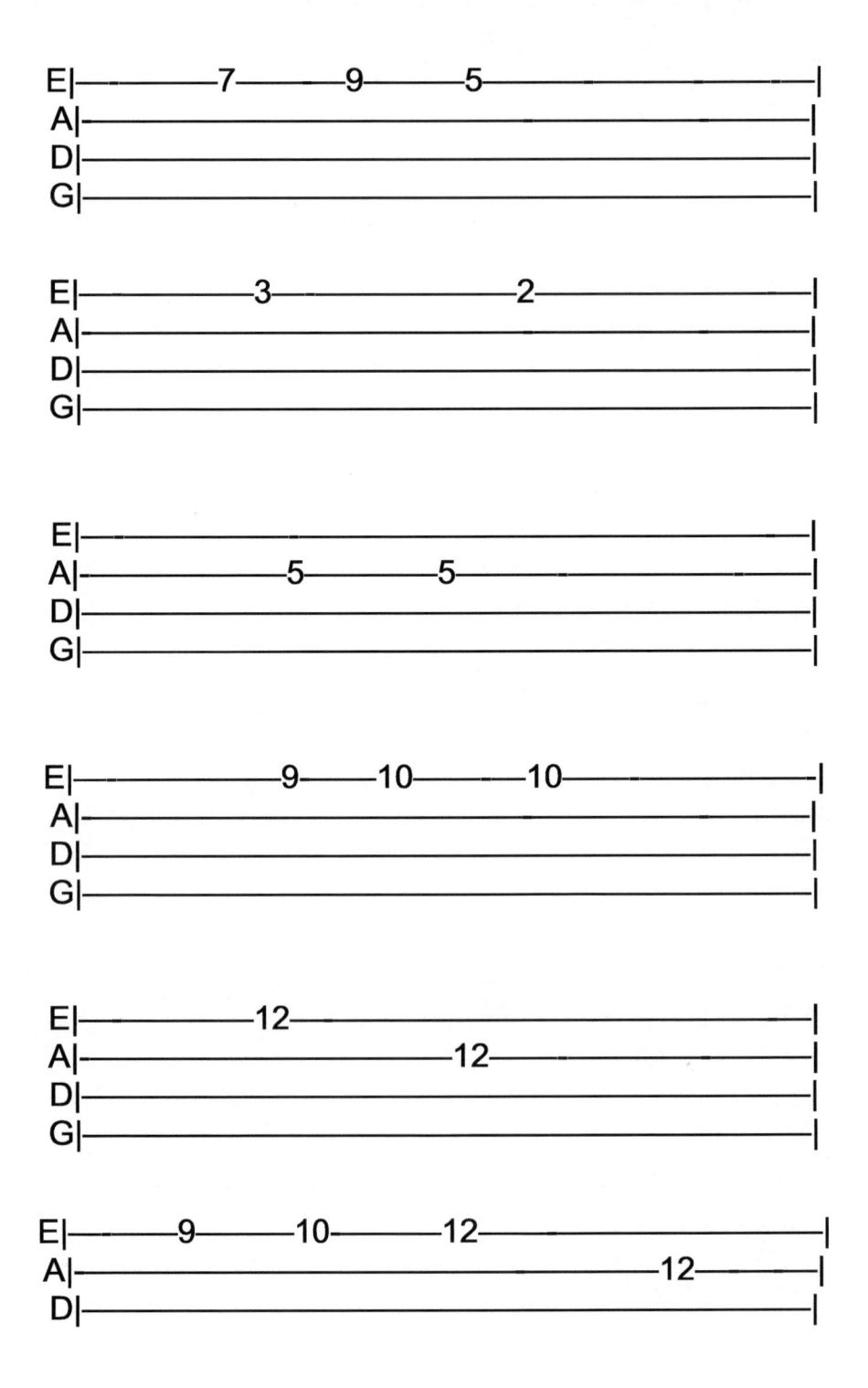

```
E|———7———9———5———————|
A|——————————————————|
D|——————————————————|
G|——————————————————|

E|——————3——————2————|
A|——————————————————|
D|——————————————————|
G|——————————————————|

E|——————————————————|
A|———————5———————5———|
D|——————————————————|
G|——————————————————|

E|———————9———10———10———|
A|——————————————————|
D|——————————————————|
G|——————————————————|

E|——————12——————————|
A|———————————12—————|
D|——————————————————|
G|——————————————————|

E|———9———10———12——————|
A|———————————————12——|
D|——————————————————|
```

```
G|--------------------------------------------------|


E|--------9-----------10----------12----------------|
A|--------------------------------------------------|
D|--------------------------------------------------|
G|--------------------------------------------------|


E|--------------------------------------------------|
A|--------------------------12----------------------|
D|--------------------------------------------------|
G|--------------------------------------------------|


E|-----------------------10-------------------------|
A|-----------------------0--------------------------|
D|---------0----------------------------------------|
G|--------------------------------------------------|
```

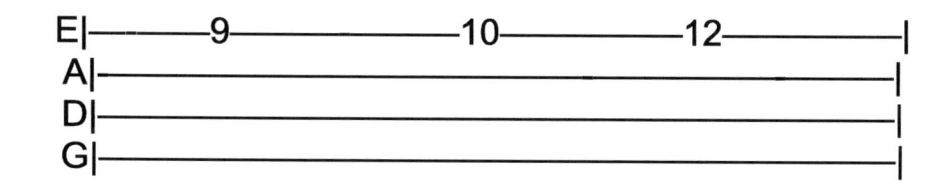

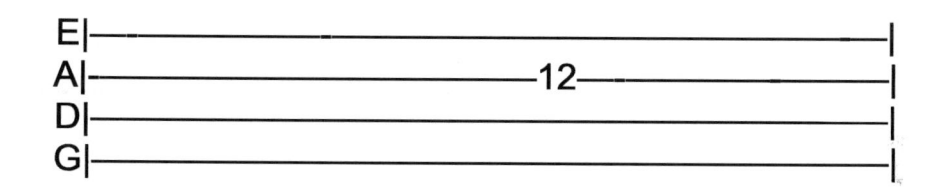

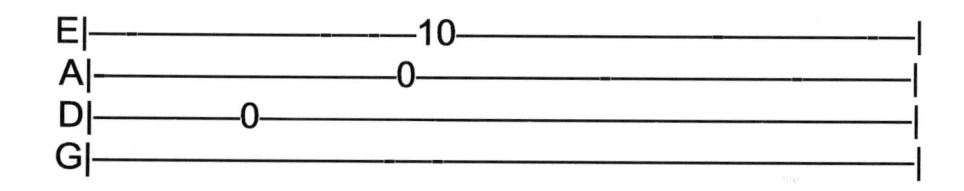

Glasgow

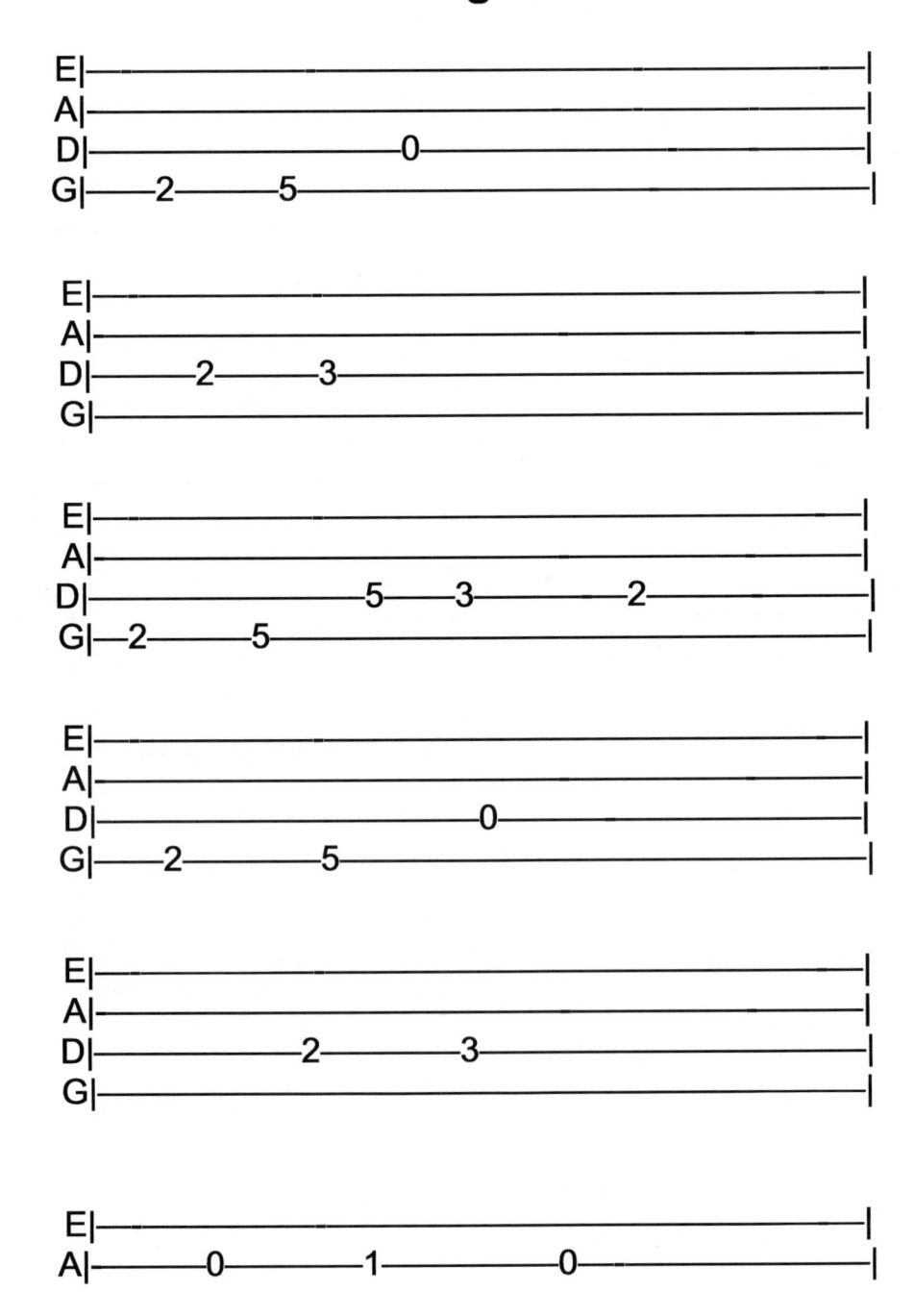

```
E|---------------------------------|
A|---------------------------------|
D|-------------------0-------------|
G|----2------5---------------------|

E|---------------------------------|
A|---------------------------------|
D|------2------3-------------------|
G|---------------------------------|

E|---------------------------------|
A|---------------------------------|
D|---------------5-----3------2----|
G|---2------5----------------------|

E|---------------------------------|
A|---------------------------------|
D|-------------------0-------------|
G|----2------5---------------------|

E|---------------------------------|
A|---------------------------------|
D|------------2------3-------------|
G|---------------------------------|

E|---------------------------------|
A|-------0------1--------0---------|
```

```
D|--------------------------------|
G|--------------------------------|


E|--------------------------------|
A|--------------------------------|
D|------3---------5---------------|
G|--------------------------------|


E|--------------------------------|
A|--------------------------------|
D|------3---------2---------3-----|
G|--------------------------------|


E|--------------------------------|
A|--------------------------------|
D|------2-------------------0-----|
G|----------------5---------------|


E|--------------------------------|
A|--------------------------------|
D|----------------0---------------|
G|----2-----5---------------------|


E|--------------------------------|
A|--------------------------------|
D|------2---------3---------------|
G|--------------------------------|
```

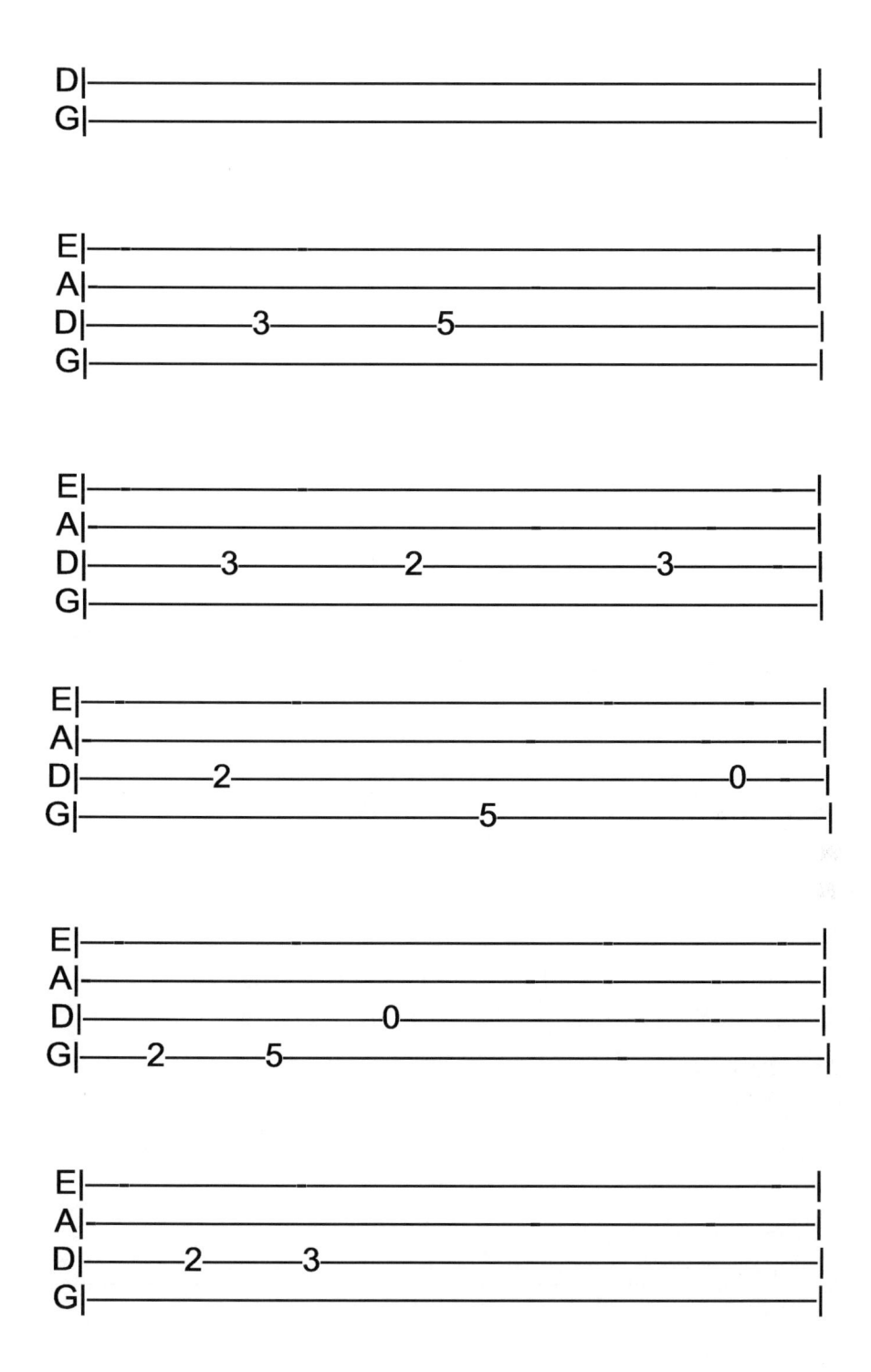

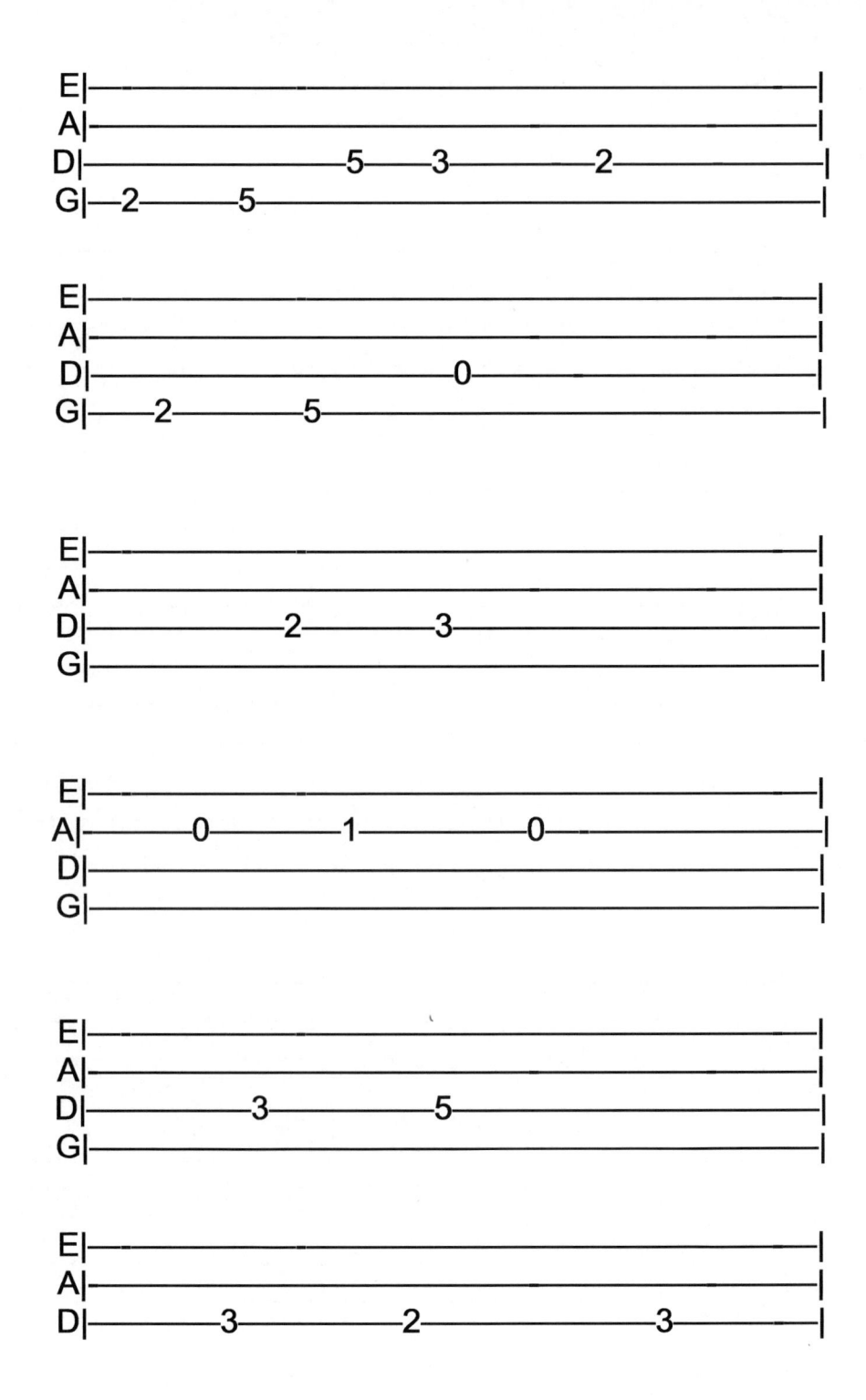

```
E|---------------------------------|
A|---------------------------------|
D|------------5-----3--------2-----|
G|--2------5-----------------------|

E|---------------------------------|
A|---------------------------------|
D|--------------------0------------|
G|--2------5-----------------------|

E|---------------------------------|
A|---------------------------------|
D|----------2-------3--------------|
G|---------------------------------|

E|---------------------------------|
A|------0-------1--------0---------|
D|---------------------------------|
G|---------------------------------|

E|---------------------------------|
A|---------------------------------|
D|----------3-------5--------------|
G|---------------------------------|

E|---------------------------------|
A|---------------------------------|
D|------3-------2--------3---------|
```

```
G|————————————————————————|


E|————————————————————————|
A|————————————————————————|
D|————2———————————————0———|
G|———————————————5————————|
```

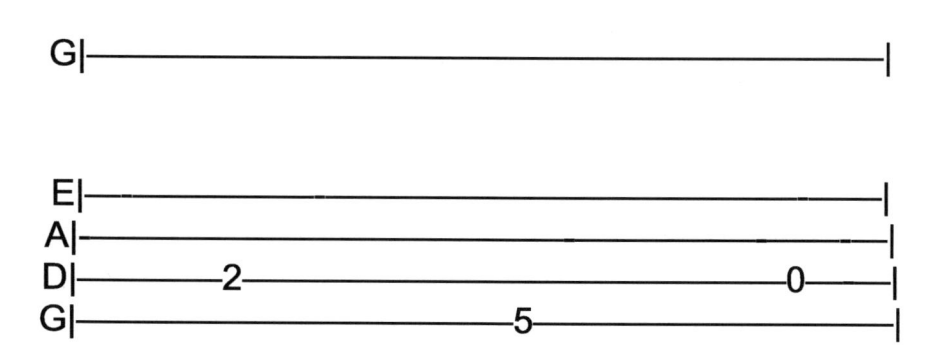

She Rode In On Tuesday

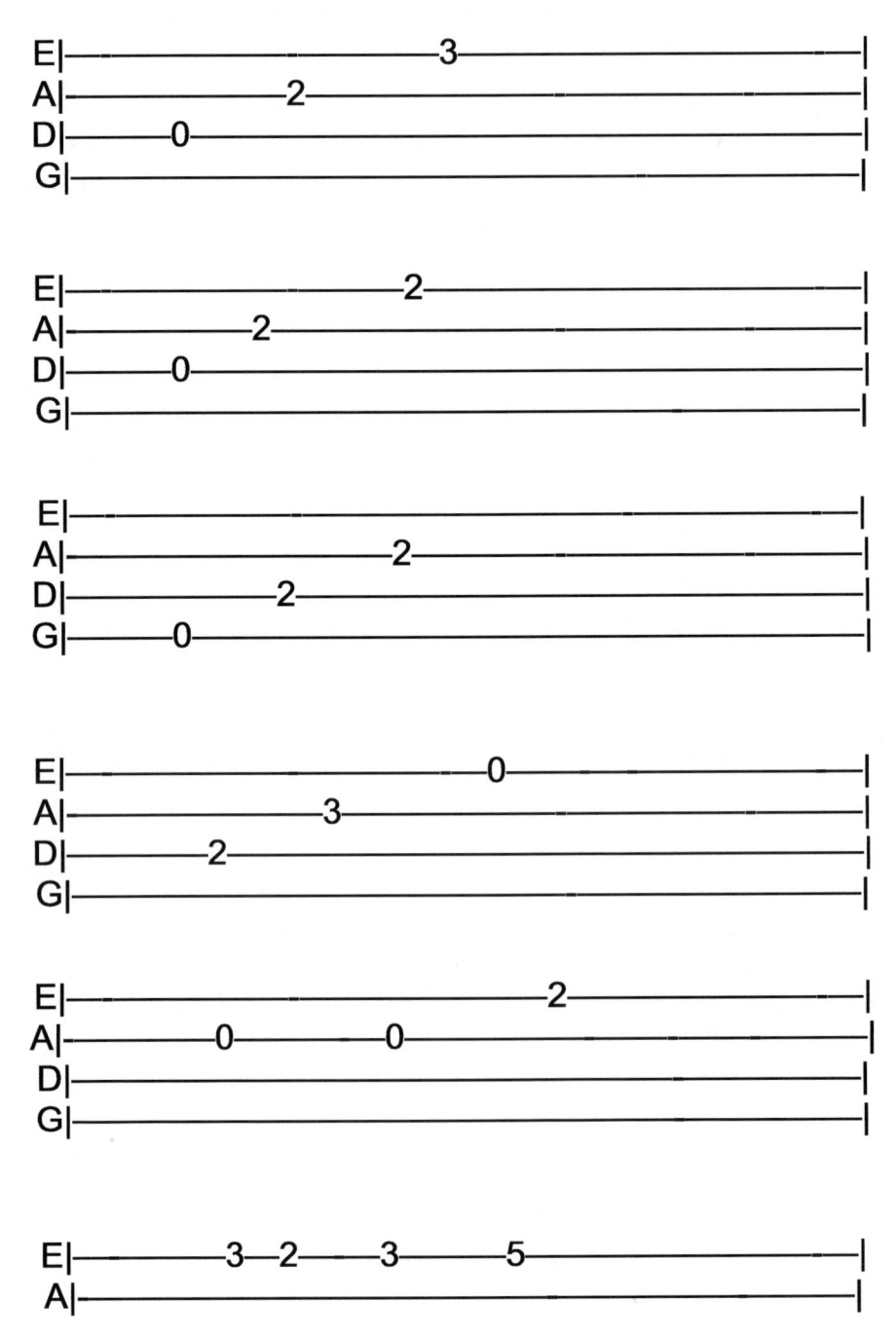

```
E|--------------------3-----------|
A|------------2-------------------|
D|-----0--------------------------|
G|--------------------------------|

E|--------------------2-----------|
A|------------2-------------------|
D|-----0--------------------------|
G|--------------------------------|

E|--------------------------------|
A|--------------------2-----------|
D|------------2-------------------|
G|-----0--------------------------|

E|--------------------0-----------|
A|------------3-------------------|
D|-----2--------------------------|
G|--------------------------------|

E|--------------------2-----------|
A|-----0------0-------------------|
D|--------------------------------|
G|--------------------------------|

E|-----3--2-----3-----5-----------|
A|--------------------------------|
```

```
D|--------------------------------|
G|--------------------------------|


E|-----3------2-----2-----3-----5-----|
A|------------------------------------|
D|------------------------------------|
G|------------------------------------|


E|---------3-----------0--------------|
A|------------------------------------|
D|------------------------------------|
G|------------------------------------|


E|------------------------------------|
A|-----5-----2-----0------------------|
D|------------------------------------|
G|------------------------------------|


E|------------------3-----------------|
A|-----------2------------------------|
D|-----0------------------------------|
G|------------------------------------|


E|--------------2---------------------|
A|--------2---------------------------|
D|---0--------------------------------|
G|------------------------------------|
```

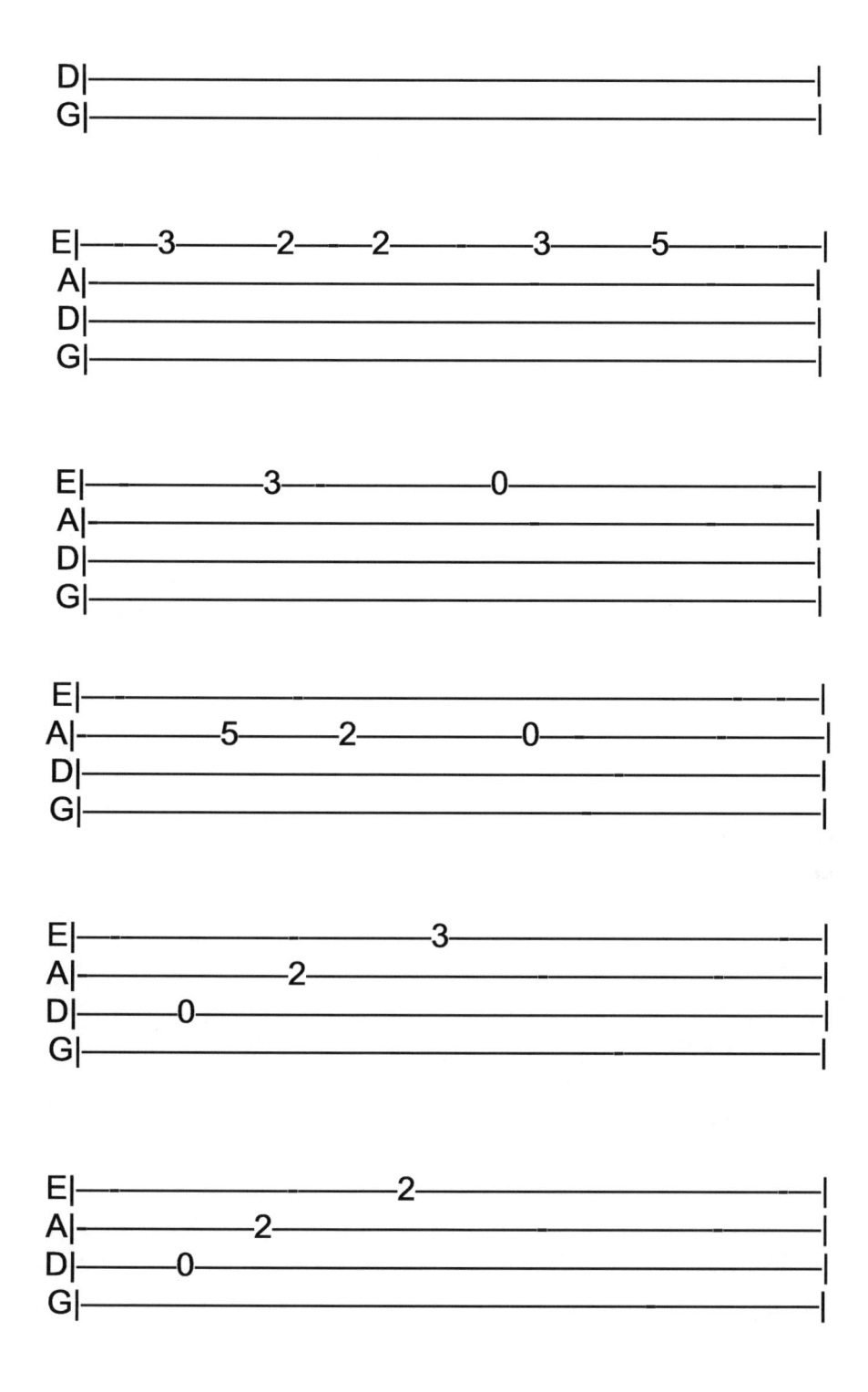

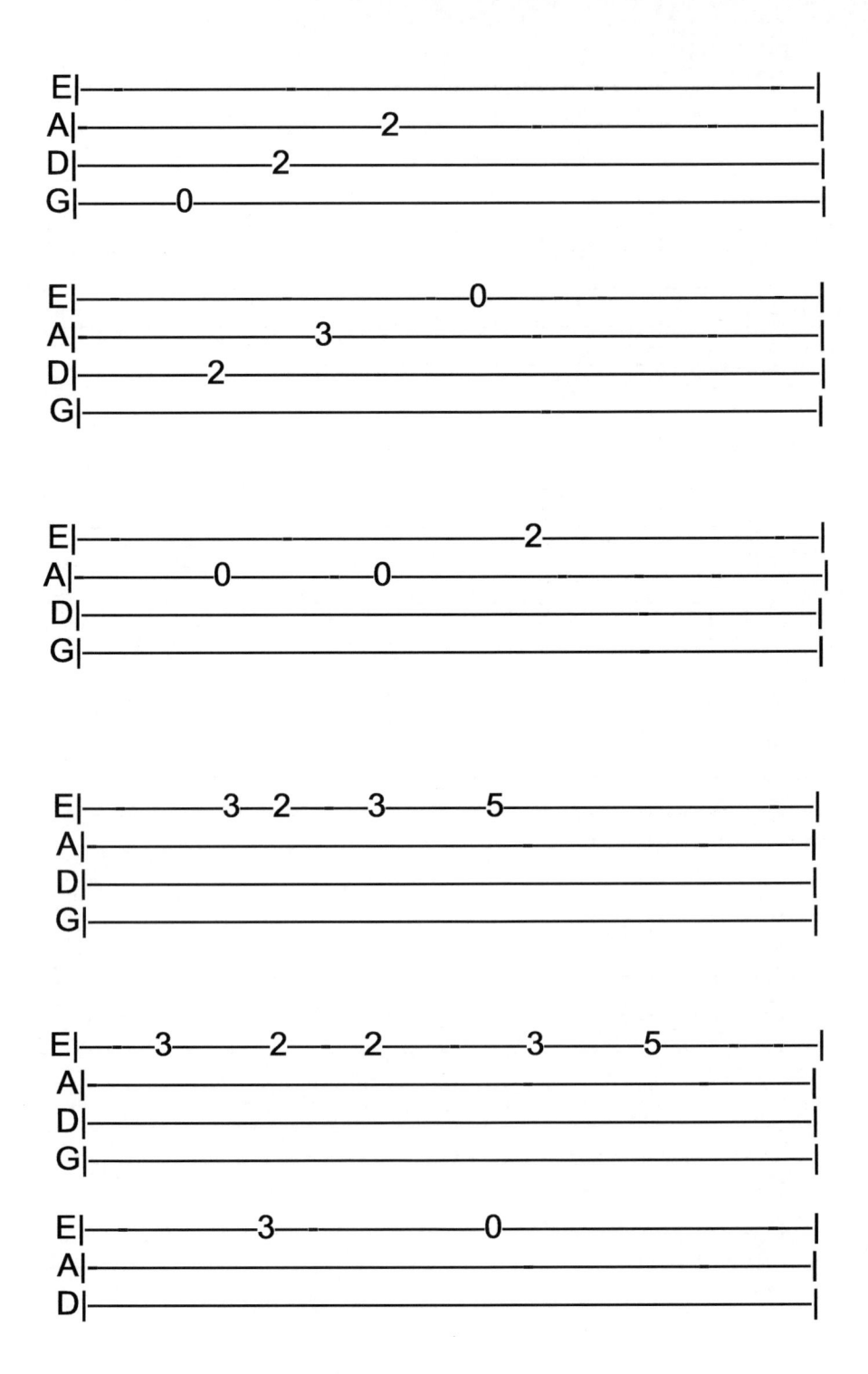

```
E|------------------------------------------------|
A|--------------------2---------------------------|
D|------------2-----------------------------------|
G|------0-----------------------------------------|

E|--------------------------------0---------------|
A|------------------3-----------------------------|
D|------------2-----------------------------------|
G|------------------------------------------------|

E|--------------------------------2---------------|
A|------0-----------0-----------------------------|
D|------------------------------------------------|
G|------------------------------------------------|

E|------3---2-----3---------5---------------------|
A|------------------------------------------------|
D|------------------------------------------------|
G|------------------------------------------------|

E|------3-----2-----2-----------3---------5-------|
A|------------------------------------------------|
D|------------------------------------------------|
G|------------------------------------------------|

E|------------3---------------0-------------------|
A|------------------------------------------------|
D|------------------------------------------------|
```

```
G|————————————————————————|

E|————————————————————————|
A|————5————2————0—————————|
D|————————————————————————|
G|————————————————————————|


E|————————————————————————|
A|————————————————————————|
D|————————————5———————————|
G|————————————————————————|
```

American Honey

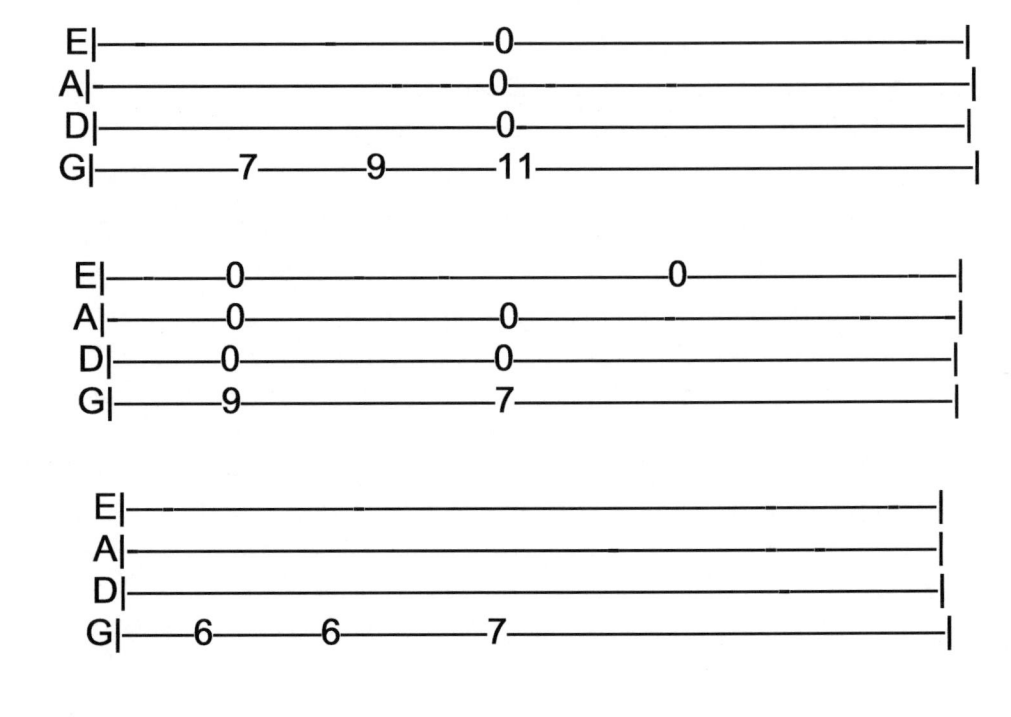

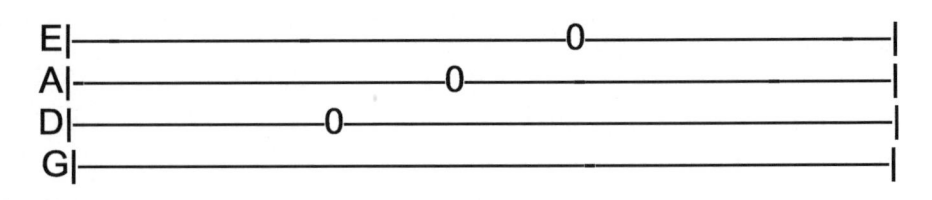

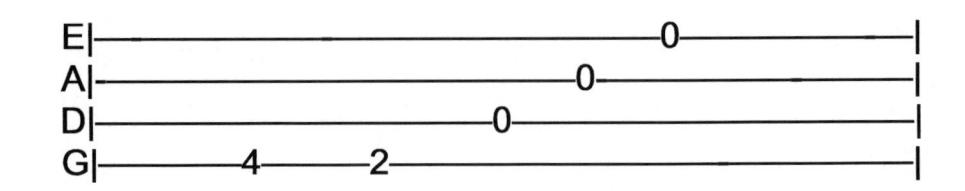

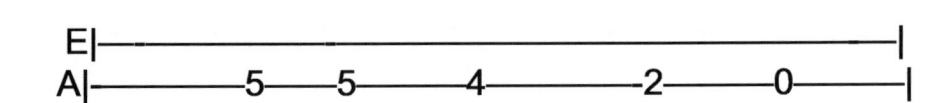

```
E|-----------------0-----------------|
A|-----------------0-----------------|
D|-----------------0-----------------|
G|-----7-----9-----11----------------|

E|-----0-----------------0-----------|
A|-----0-----------------0-----------|
D|-----0-----------------0-----------|
G|-----9-----------------7-----------|

E|-----------------------------------|
A|-----------------------------------|
D|-----------------------------------|
G|-----6-----6-----7-----------------|

E|-----------------------0-----------|
A|-----------------0-----------------|
D|-----------0-----------------------|
G|-----------------------------------|

E|-----------------------------0-----|
A|-----------------------0-----------|
D|-----------------0-----------------|
G|-----4-----2-----------------------|

E|-----------------------------------|
A|-----5-----5-----4-----2-----0-----|
```

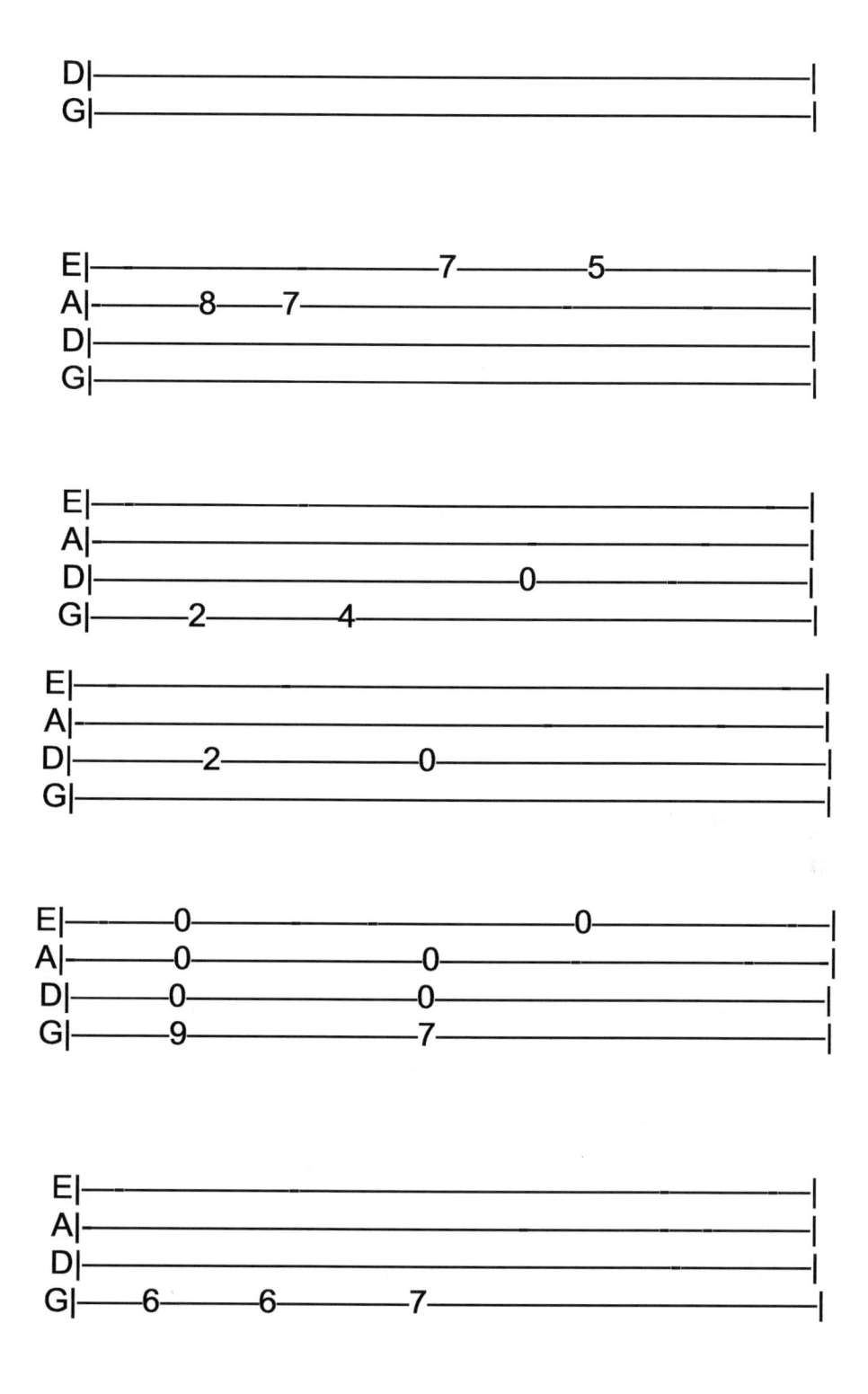

```
D|---------------------------------------------|
G|---------------------------------------------|


E|-------------------------7--------5----------|
A|-------8-------7-----------------------------|
D|---------------------------------------------|
G|---------------------------------------------|


E|---------------------------------------------|
A|---------------------------------------------|
D|-----------------------------0---------------|
G|-------2-------4-----------------------------|


E|---------------------------------------------|
A|---------------------------------------------|
D|-------2---------------0---------------------|
G|---------------------------------------------|


E|-------0-----------------------0-------------|
A|-------0-----------------------0-------------|
D|-------0-----------------------0-------------|
G|-------9-----------------------7-------------|


E|---------------------------------------------|
A|---------------------------------------------|
D|---------------------------------------------|
G|-------6-------6-------7---------------------|
```

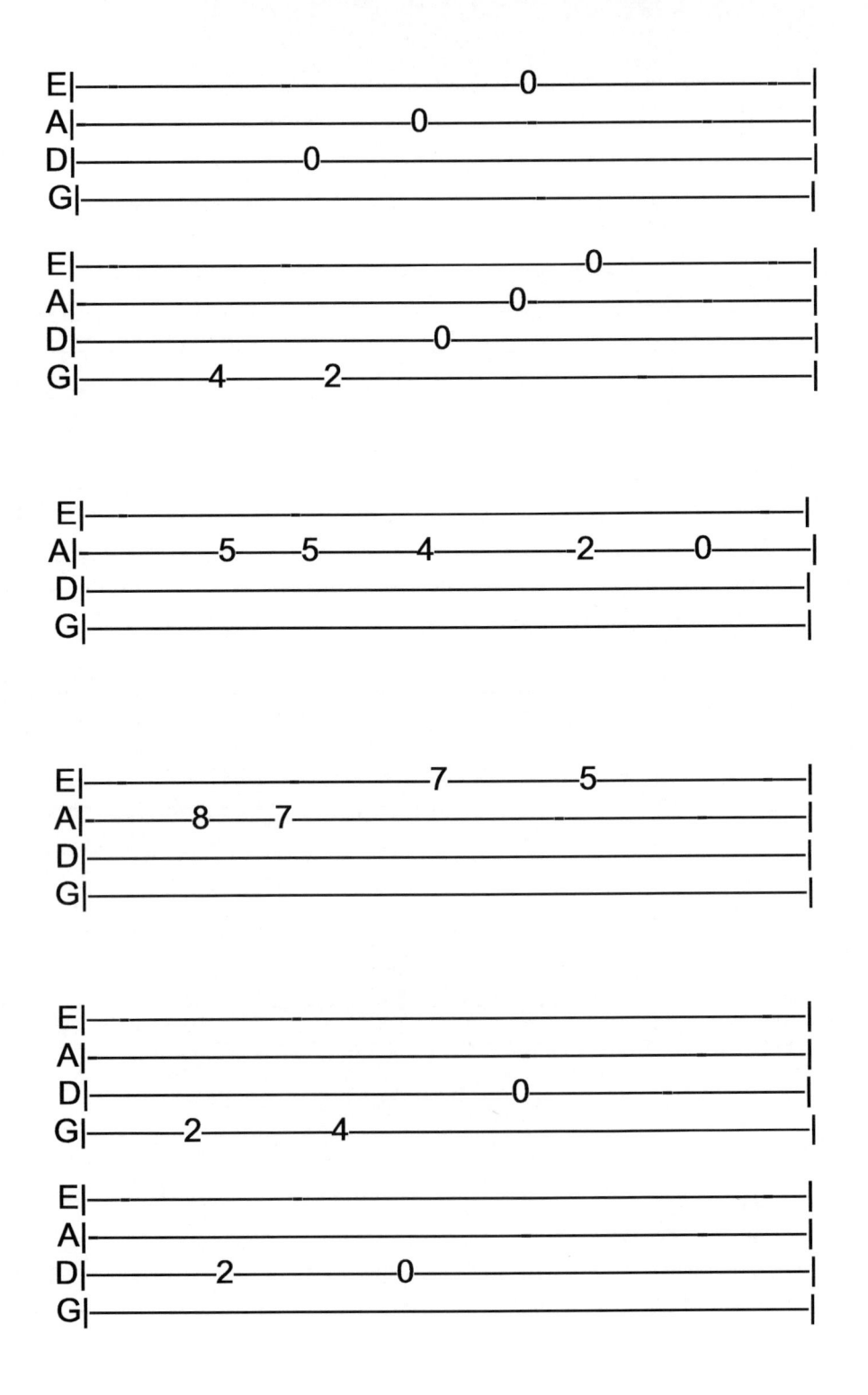

```
E|--------------------------------0-----------|
A|-------------------------0------------------|
D|-----------------0--------------------------|
G|--------------------------------------------|

E|----------------------------------------0---|
A|---------------------------------0----------|
D|--------------------------0-----------------|
G|--------4-------2---------------------------|


E|--------------------------------------------|
A|--------5-------5-------4-------2-------0---|
D|--------------------------------------------|
G|--------------------------------------------|


E|------------------------7-------5-----------|
A|--------8-------7---------------------------|
D|--------------------------------------------|
G|--------------------------------------------|


E|--------------------------------------------|
A|--------------------------------------------|
D|--------------------------------0-----------|
G|--------2-------4---------------------------|

E|--------------------------------------------|
A|--------------------------------------------|
D|--------2-------0---------------------------|
G|--------------------------------------------|
```

8 Years Ago Today

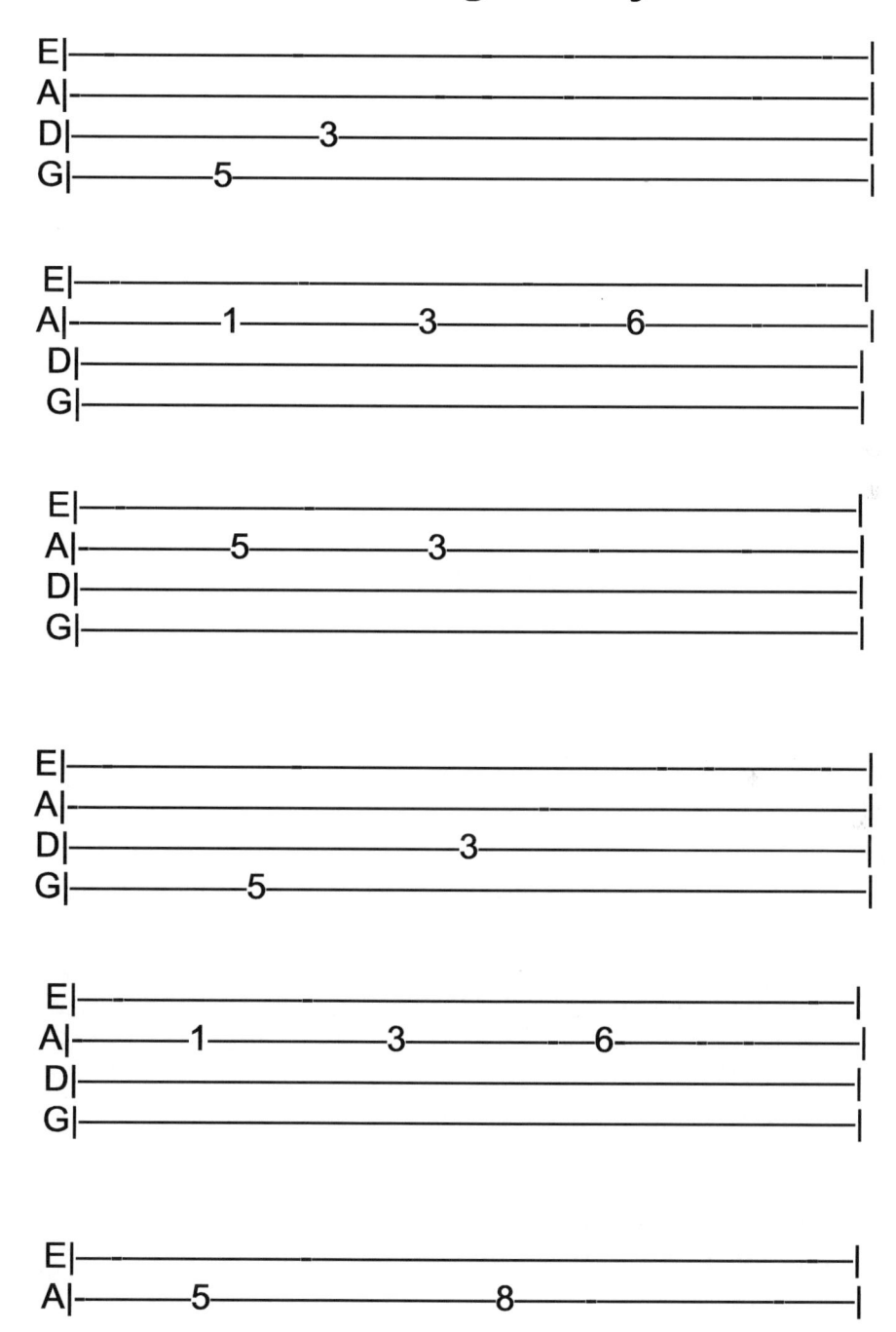

```
E|--------------------------------|
A|--------------------------------|
D|------------3-------------------|
G|-----5--------------------------|

E|--------------------------------|
A|------1--------3--------6-------|
D|--------------------------------|
G|--------------------------------|

E|--------------------------------|
A|------5--------3----------------|
D|--------------------------------|
G|--------------------------------|

E|--------------------------------|
A|--------------------------------|
D|------------3-------------------|
G|-----5--------------------------|

E|--------------------------------|
A|------1--------3--------6-------|
D|--------------------------------|
G|--------------------------------|

E|--------------------------------|
A|------5-------------8-----------|
```

```
D|-------------------------------------------|
G|-------------------------------------------|


E|-------------------------------------------|
A|------10------------8----------------------|
D|-------------------------------------------|
G|-------------------------------------------|


E|------12-----------13----------------------|
A|-------------------------------------------|
D|-------------------------------------------|
G|-------------------------------------------|


E|-------------------------------------------|
A|-------------------------------------------|
D|---------------3--------2--------3---------|
G|------5------------------------------------|


E|-------------------------------------------|
A|-------------------------------------------|
D|---------3--------0------------------------|
G|------5--------------------------5---------|


E|-------------------------------------------|
A|-------------------------------------------|
D|---------------3---------------------------|
G|------5------------------------------------|
```

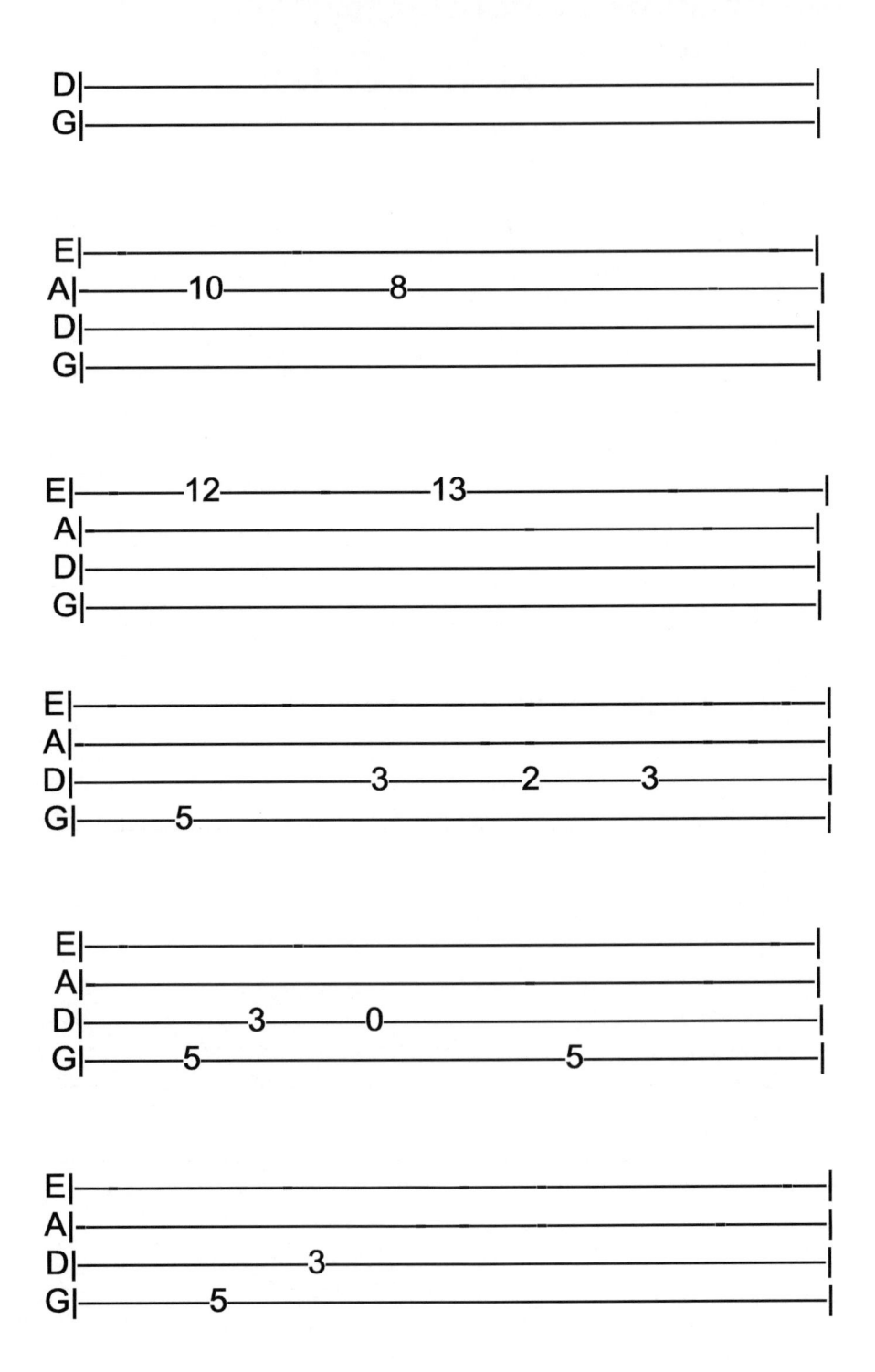

```
E|--------------------------------|
A|------1---------3---------6-----|
D|--------------------------------|
G|--------------------------------|

E|--------------------------------|
A|------5---------3---------------|
D|--------------------------------|
G|--------------------------------|

E|--------------------------------|
A|--------------------------------|
D|------------------3-------------|
G|------5-------------------------|

E|--------------------------------|
A|------1---------3---------6-----|
D|--------------------------------|
G|--------------------------------|

E|--------------------------------|
A|------5---------8---------------|
D|--------------------------------|
G|--------------------------------|

E|--------------------------------|
A|------10--------8---------------|
D|--------------------------------|
```

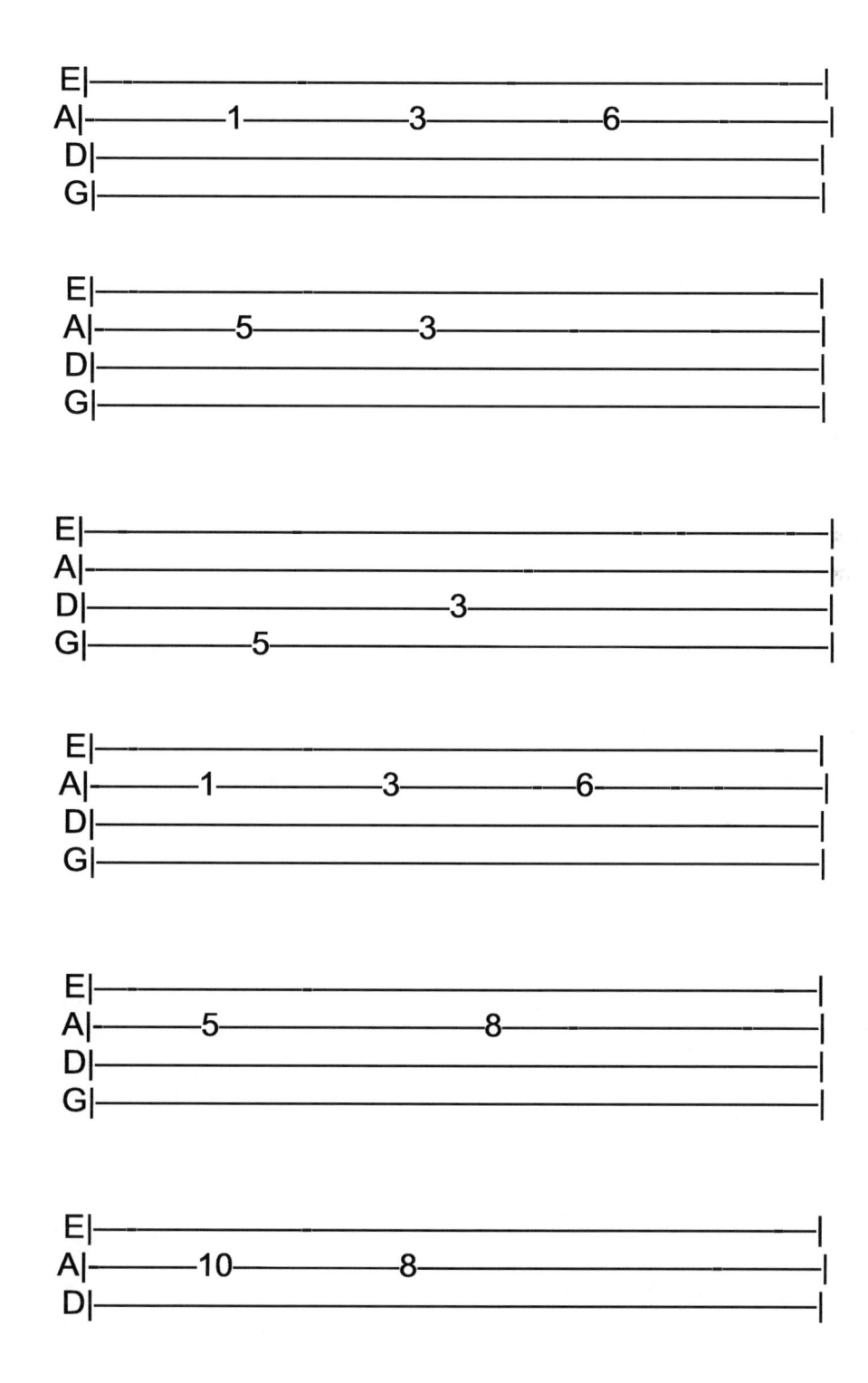

```
G|————————————————————————————|


E|————12————————13————————————|
A|————————————————————————————|
D|————————————————————————————|
G|————————————————————————————|


E|————————————————————————————|
A|————————————————————————————|
D|——————————3————2————3———————|
G|————5———————————————————————|


E|————————————————————————————|
A|————————————————————————————|
D|——————3————0————————————————|
G|————5———————————————5———————|
```

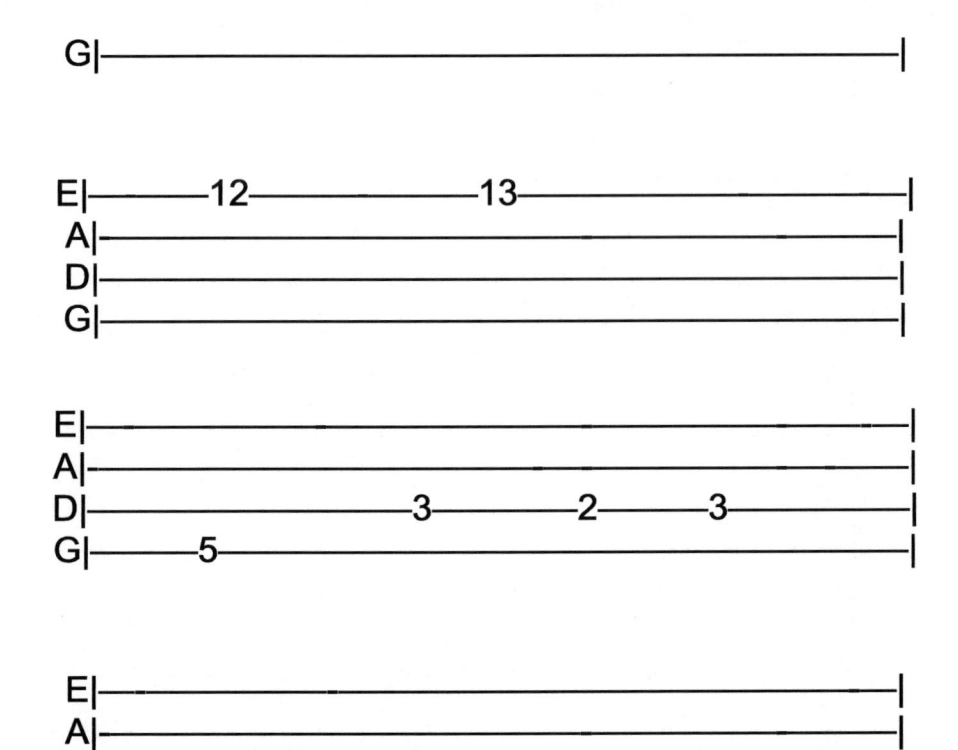

Uncle Roger

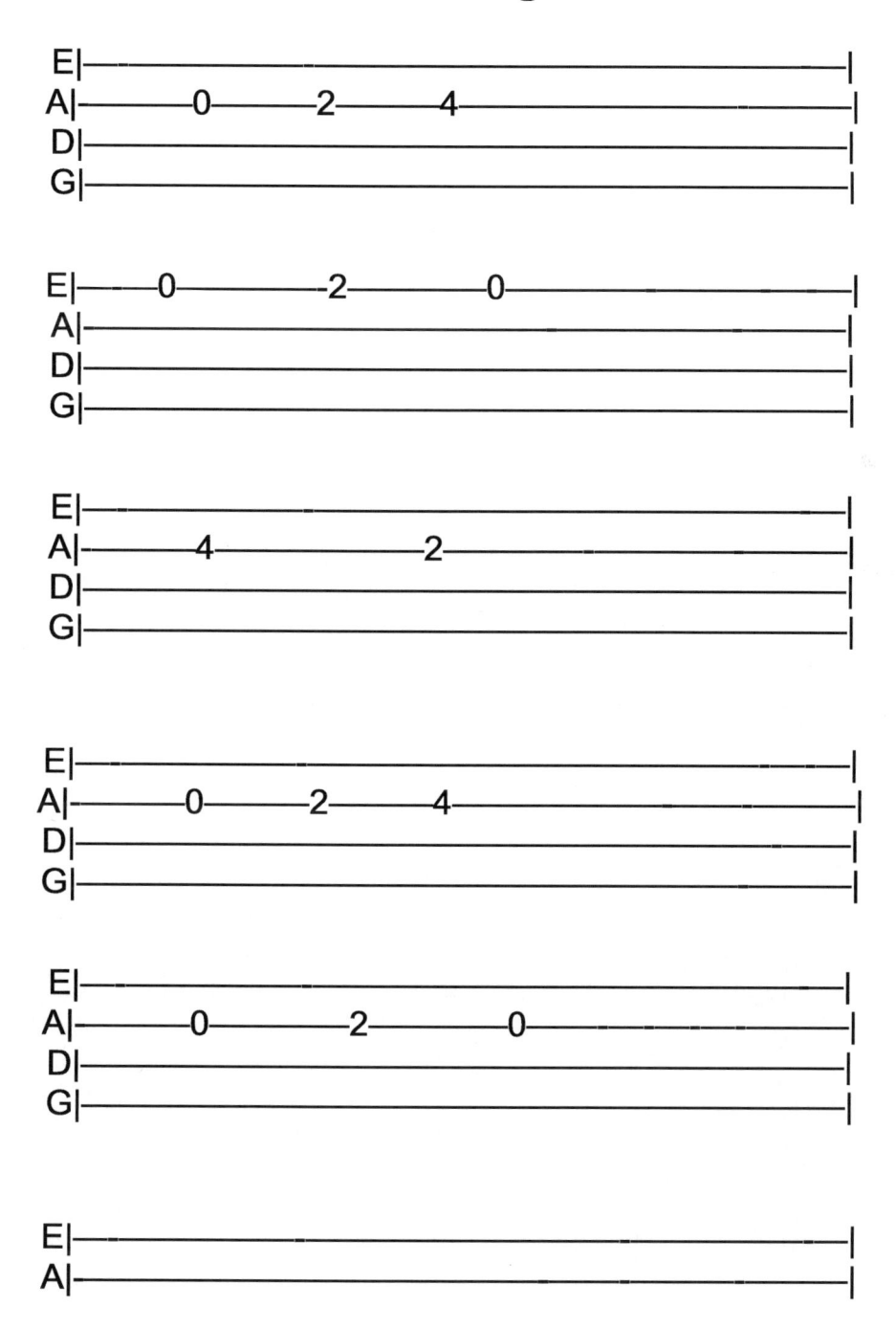

```
E|-----------------------------------|
A|-----0-------2-------4-------------|
D|-----------------------------------|
G|-----------------------------------|

E|-----0-------2-------0-------------|
A|-----------------------------------|
D|-----------------------------------|
G|-----------------------------------|

E|-----------------------------------|
A|-----------4---------2-------------|
D|-----------------------------------|
G|-----------------------------------|

E|-----------------------------------|
A|-----0-------2-------4-------------|
D|-----------------------------------|
G|-----------------------------------|

E|-----------------------------------|
A|-----0-------2-------0-------------|
D|-----------------------------------|
G|-----------------------------------|

E|-----------------------------------|
A|-----------------------------------|
```

```
D|------2----------------------------------|
G|---------------------2-------------------|


E|-----------------------------------------|
A|-----------------------------------------|
D|-----------------------------------------|
G|------2------4------6--------------------|


E|-----------------------------------------|
A|-----------------------------------------|
D|---------------0------2------------------|
G|------6----------------------------------|


E|-----------------------------------------|
A|------0----------------------------------|
D|---------------------4------4------------|
G|-----------------------------------------|


E|-----------------------------------------|
A|-----------------------------------------|
D|------2--------------2-------------------|
G|-----------------------------------------|


E|-----------------------------------------|
A|-----------------------------------------|
D|-----------------------------------------|
G|------2--------------2-------------------|
```

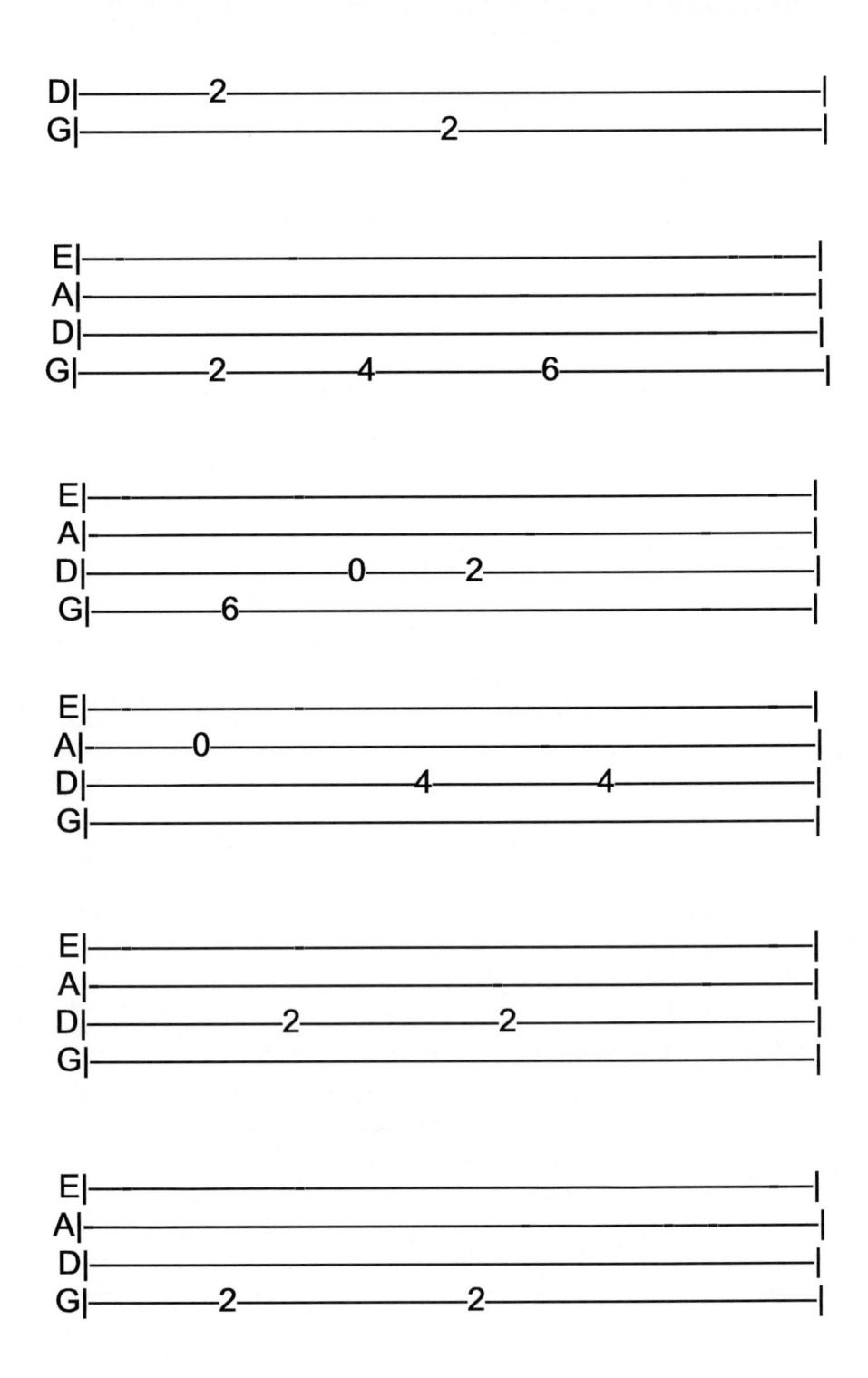

```
E|---------------------------------------------------|
A|--------------------0------------------------------|
D|---------------------------------------------------|
G|---------------------------------------------------|


E|---------------------------------------------------|
A|-------0-------2-------4---------------------------|
D|---------------------------------------------------|
G|---------------------------------------------------|


E|-------0-------2-------0---------------------------|
A|---------------------------------------------------|
D|---------------------------------------------------|
G|---------------------------------------------------|


E|---------------------------------------------------|
A|-------4-------2-----------------------------------|
D|---------------------------------------------------|
G|---------------------------------------------------|


E|---------------------------------------------------|
A|-------0-------2-------4---------------------------|
D|---------------------------------------------------|
G|---------------------------------------------------|


E|---------------------------------------------------|
A|-------0-------2-------0---------------------------|
D|---------------------------------------------------|
```

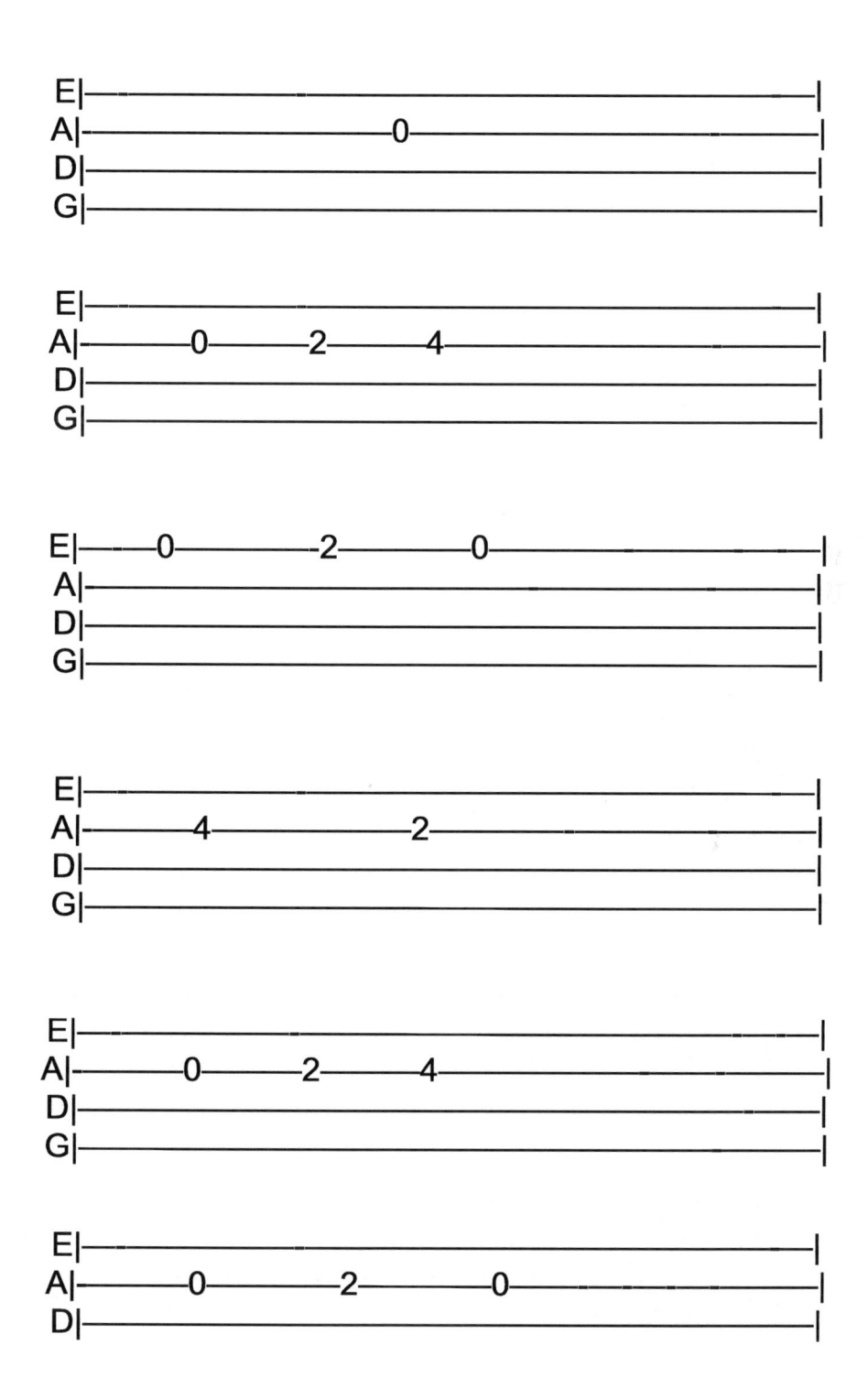

```
G|-------------------------------|


E|-------------------------------|
A|-------------------------------|
D|------2------------------------|
G|---------------2---------------|


E|-------------------------------|
A|-------------------------------|
D|-------------------------------|
G|------2------4------6----------|


E|-------------------------------|
A|-------------------------------|
D|---------------0------2--------|
G|------6------------------------|


E|-------------------------------|
A|------0------------------------|
D|---------------4------4--------|
G|-------------------------------|


E|-------------------------------|
A|-------------------------------|
D|------2------2-----------------|
G|-------------------------------|
```

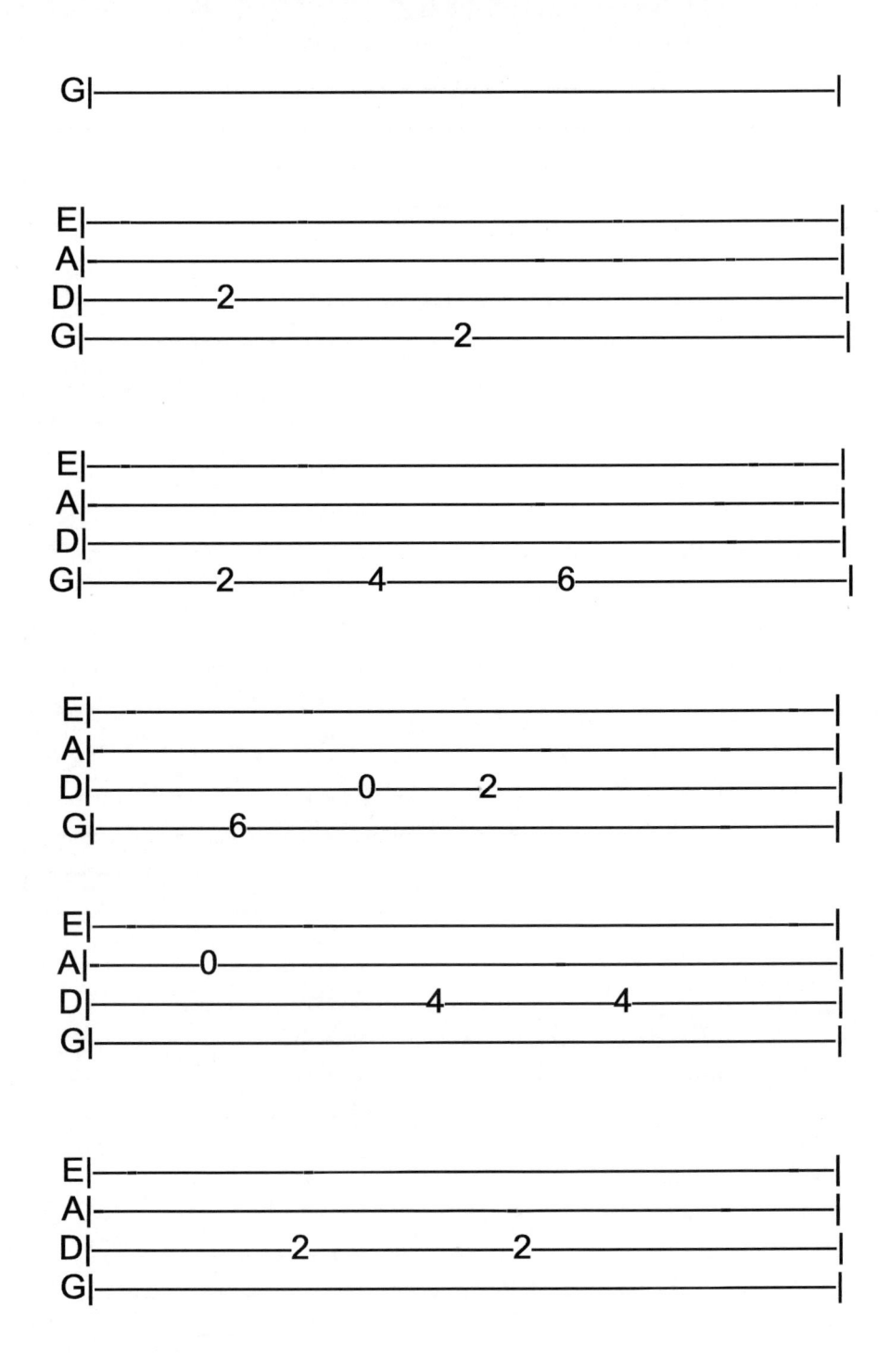

```
E|----------------------------------------|
A|----------------------------------------|
D|----------------------------------------|
G|------2------------2--------------------|
```

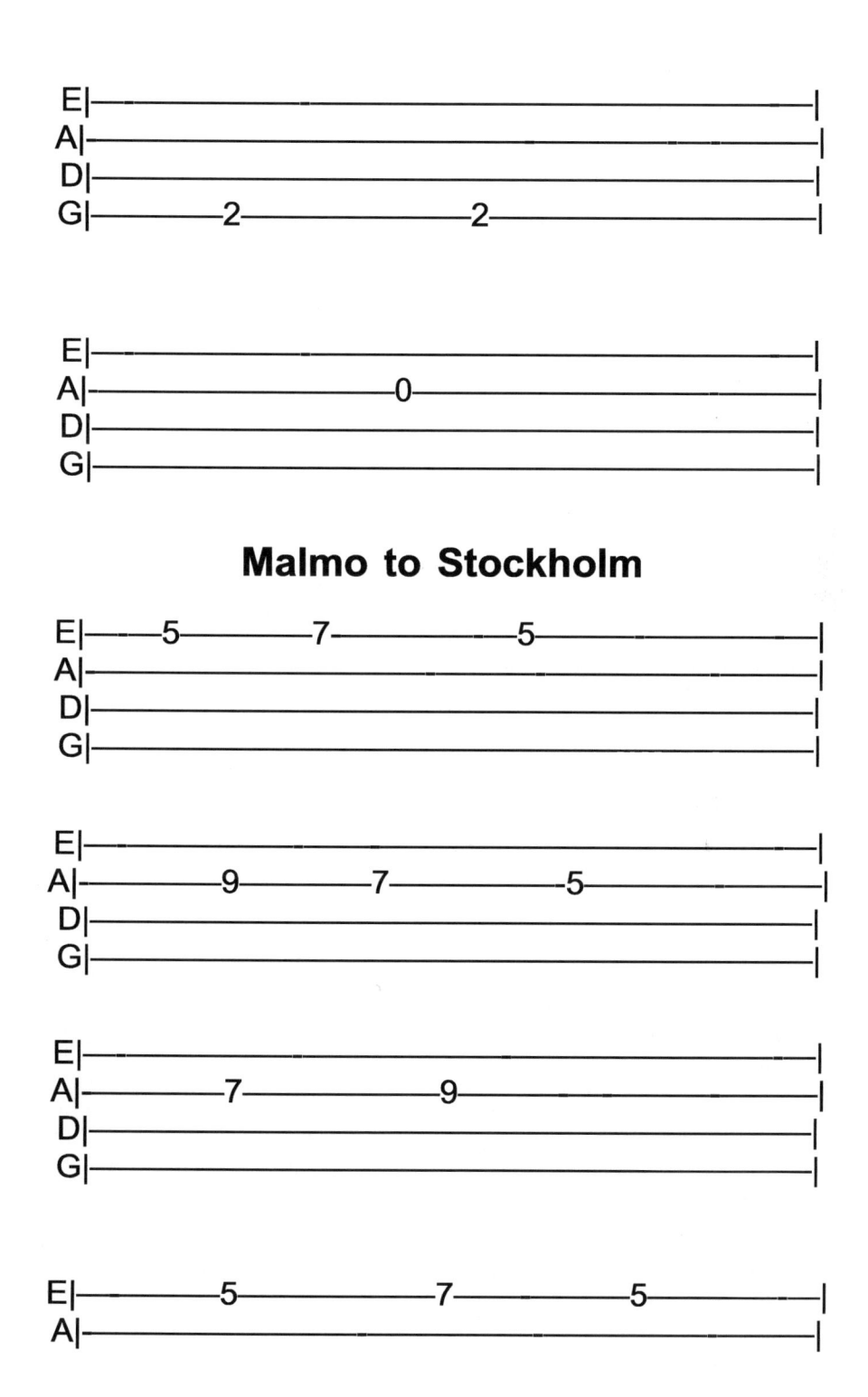

```
E|----------------------------------------|
A|----------------0-----------------------|
D|----------------------------------------|
G|----------------------------------------|
```

Malmo to Stockholm

```
E|----5------7----------5-----------------|
A|----------------------------------------|
D|----------------------------------------|
G|----------------------------------------|
```

```
E|----------------------------------------|
A|----9------7----------5-----------------|
D|----------------------------------------|
G|----------------------------------------|
```

```
E|----------------------------------------|
A|----7------------9----------------------|
D|----------------------------------------|
G|----------------------------------------|
```

```
E|------5-----------7----------5----------|
A|----------------------------------------|
```

```
D|------------------------------------|
G|------------------------------------|


E|------------------------------------|
A|--------9---------7---------5-------|
D|------------------------------------|
G|------------------------------------|


E|------------------------------------|
A|------------------------------------|
D|--------0---------0-----------------|
G|------------------------------------|


E|-----10---------9---------7---------|
A|------------------------------------|
D|------------------------------------|
G|------------------------------------|


E|----------5---------5---------------|
A|------------------------------------|
D|------------------------------------|
G|------------------------------------|


E|------------------------------------|
A|------------------------------------|
D|--------0---------0-----------------|
G|------------------------------------|
```

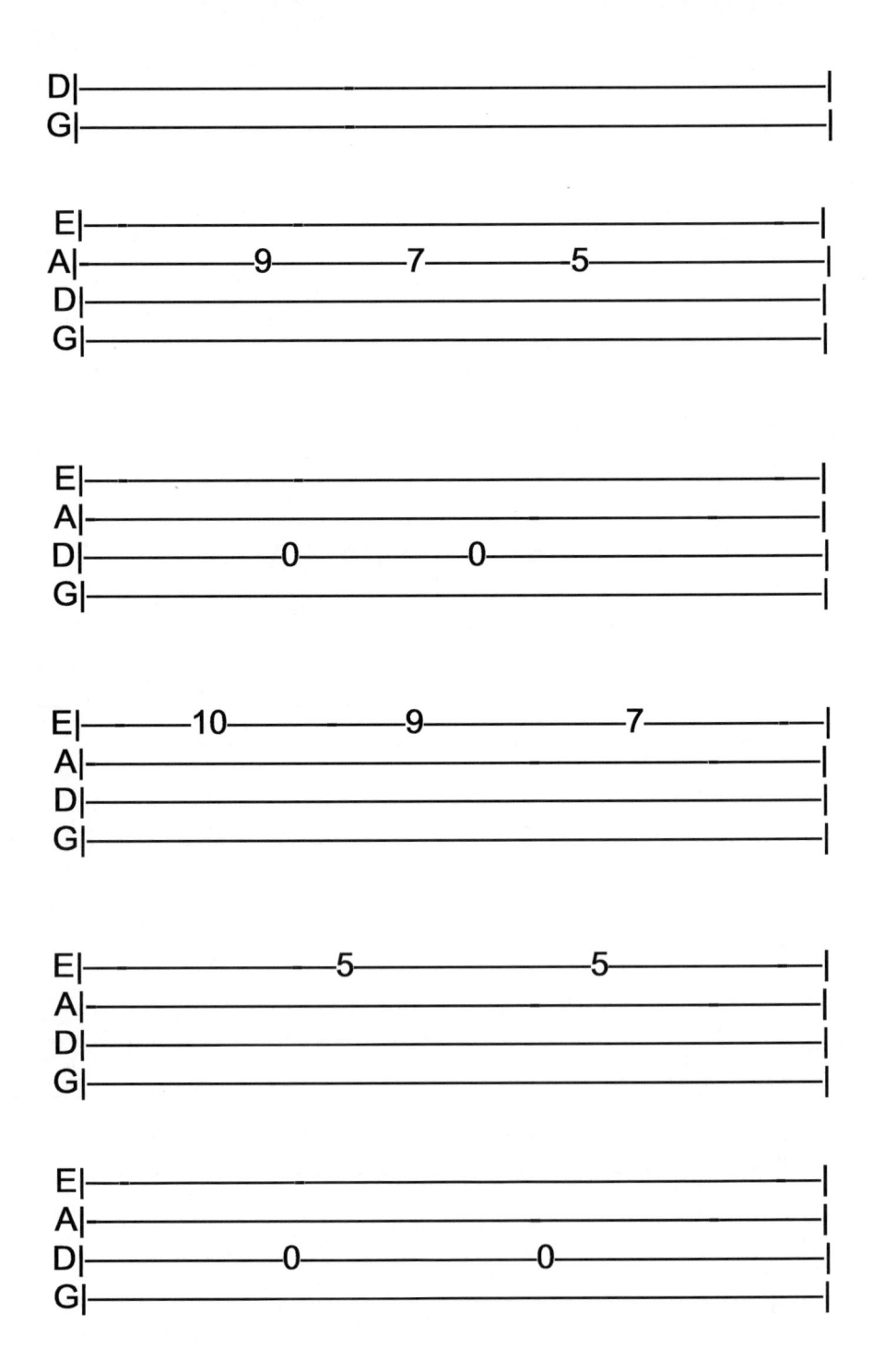

```
E|------------------------------------------------|
A|--------5---------7---------5---------4---------|
D|------------------------------------------------|
G|------------------------------------------------|


E|------------------------------------------------|
A|--------5---------------------------------------|
D|------------------0---------------0-------------|
G|------------------------------------------------|


E|--------------------------------------5---------|
A|--------5---------7-----------------------------|
D|------------------------------------------------|
G|------------------------------------------------|


E|--------7---------10----------------------------|
A|------------------------------------------------|
D|------------------------------------------------|
G|------------------------------------------------|


E|------------------------------------------------|
A|------------------------------------------------|
D|------------------0-----------------------------|
G|------------------------------------------------|


E|--------5---------7---------5-------------------|
A|------------------------------------------------|
```

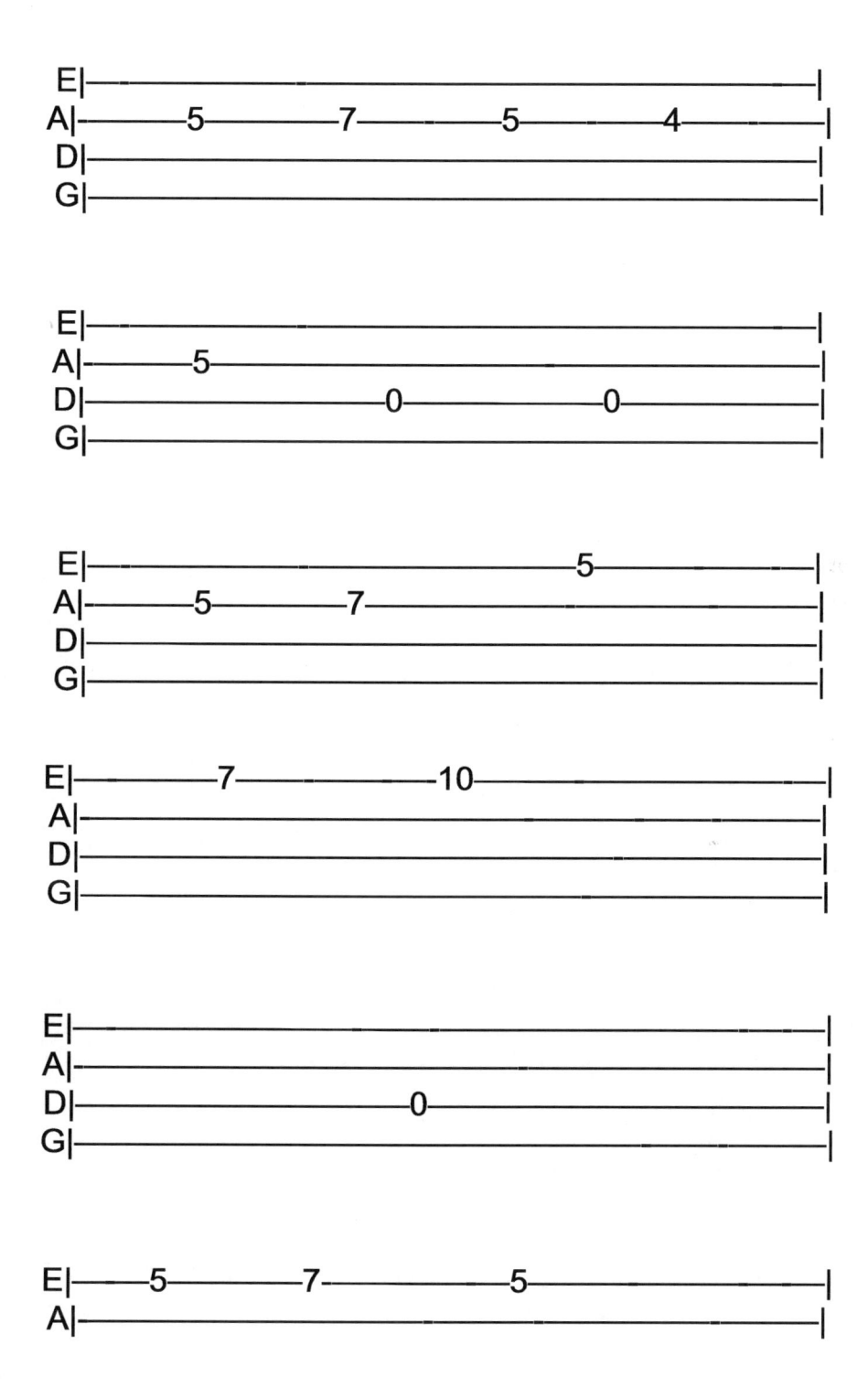

```
D|-------------------------------------------|
G|-------------------------------------------|


E|-------------------------------------------|
A|------9---------7---------5----------------|
D|-------------------------------------------|
G|-------------------------------------------|


E|-------------------------------------------|
A|------7---------9--------------------------|
D|-------------------------------------------|
G|-------------------------------------------|


E|------5---------7---------5----------------|
A|-------------------------------------------|
D|-------------------------------------------|
G|-------------------------------------------|


E|-------------------------------------------|
A|------9---------7---------5----------------|
D|-------------------------------------------|
G|-------------------------------------------|


E|-------------------------------------------|
A|-------------------------------------------|
D|------0---------0--------------------------|
G|-------------------------------------------|
```

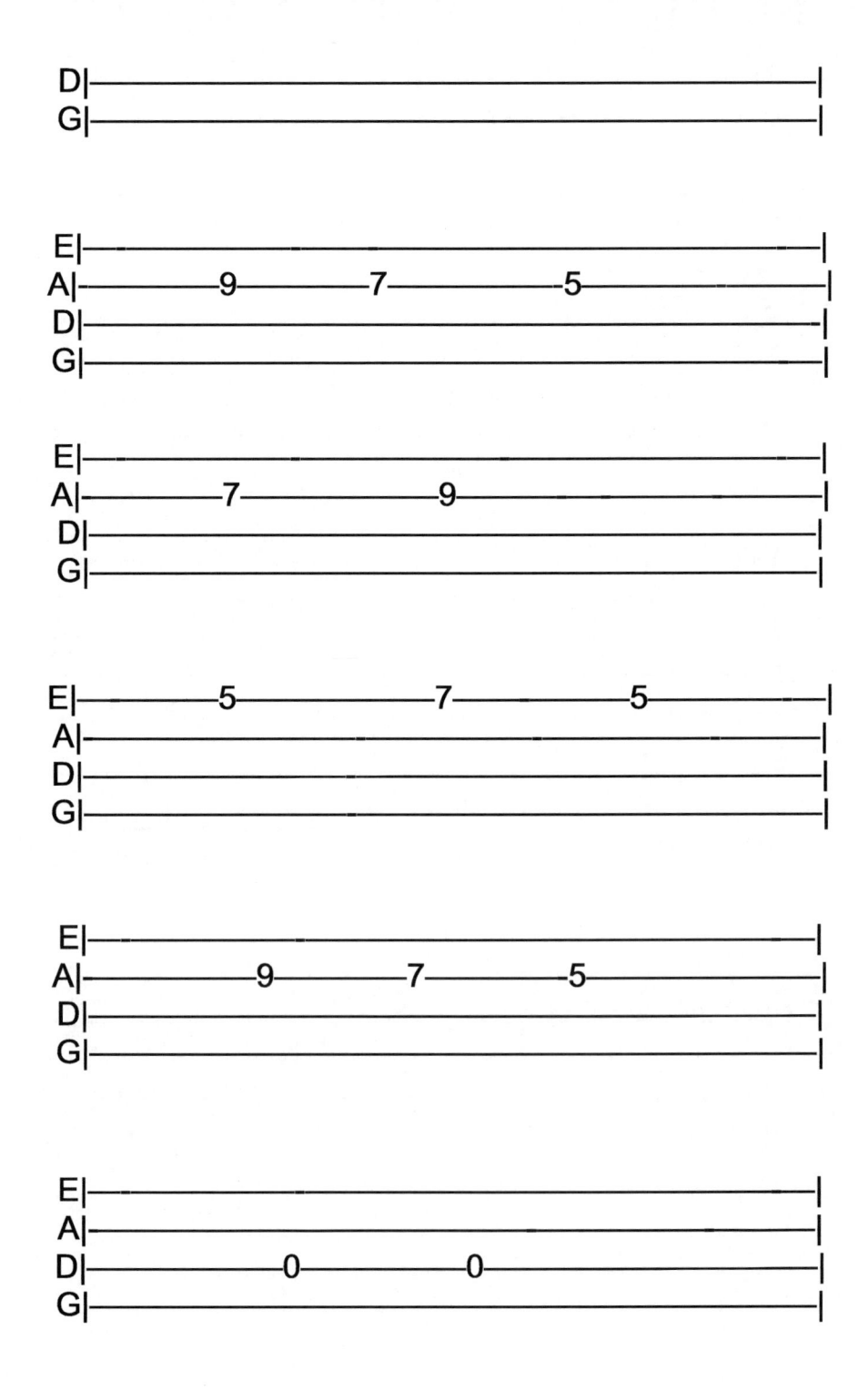

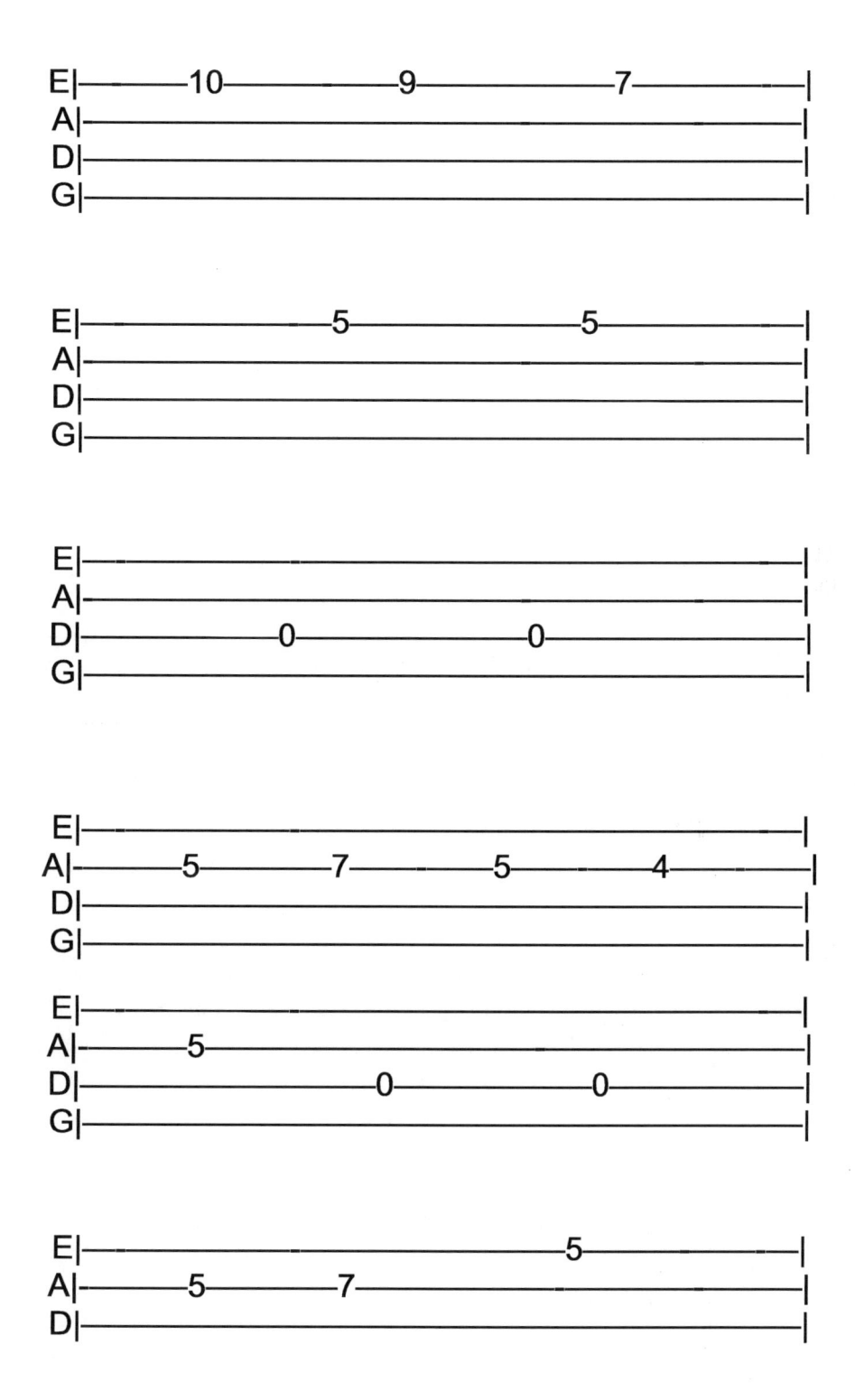

```
E|--------10----------9----------7---------|
A|-----------------------------------------|
D|-----------------------------------------|
G|-----------------------------------------|


E|---------5----------5--------------------|
A|-----------------------------------------|
D|-----------------------------------------|
G|-----------------------------------------|


E|-----------------------------------------|
A|-----------------------------------------|
D|--------0----------0---------------------|
G|-----------------------------------------|


E|-----------------------------------------|
A|-----5------7------5------4--------------|
D|-----------------------------------------|
G|-----------------------------------------|


E|-----------------------------------------|
A|-----5-----------------------------------|
D|--------------0----------0---------------|
G|-----------------------------------------|


E|-----------------------5-----------------|
A|-----5------7----------------------------|
D|-----------------------------------------|
```

```
G|-------------------------------------------------|


E|---------7-----------10--------------------------|
A|-------------------------------------------------|
D|-------------------------------------------------|
G|-------------------------------------------------|



E|-------------------------------------------------|
A|-------------------------------------------------|
D|---------------------0---------------------------|
G|-------------------------------------------------|
```

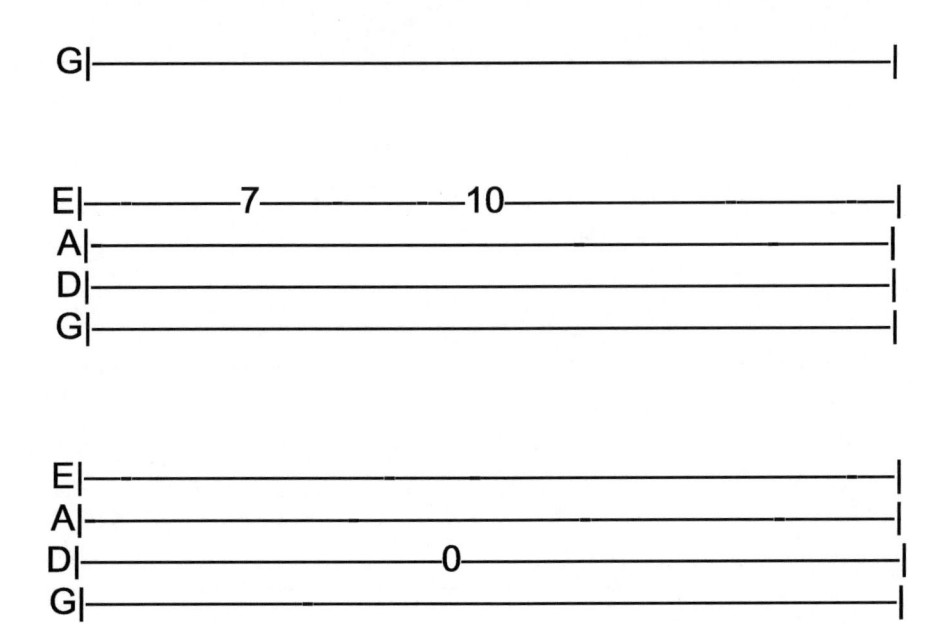

Printed in Great Britain
by Amazon